O TESOURO ESCONDIDO

Carta aberta aos
franco-maçons e a outros

Conselho Editorial

Alex Primo – UFRGS
Álvaro Nunes Larangeira – UTP
André Parente – UFRJ
Carla Rodrigues – PUC-RJ
Cíntia Sanmartin Fernandes – UERJ
Ciro Marcondes Filho – USP
Cristiane Freitas Gutfreind – PUCRS
Erick Felinto – UERJ
Francisco Rüdiger – PUCRS
Giovana Scareli – UFSJ
J. Roberto Whitaker Penteado – ESPM
João Freire Filho – UFRJ
Juremir Machado da Silva – PUCRS
Marcelo Rubin de Lima – UFRGS
Maria Immacolata Vassallo de Lopes – USP
Micael Herschmann – UFRJ
Michel Maffesoli – Paris V
Muniz Sodré – UFRJ
Philippe Joron – Montpellier III
Pierre le Quéau – Grenoble
Renato Janine Ribeiro – USP
Rose de Melo Rocha – ESPM
Sara Viola Rodrigues – UFRGS
Tania Mara Galli Fonseca – UFRGS
Vicente Molina Neto – UFRGS

Michel Maffesoli

O TESOURO ESCONDIDO
Carta aberta aos franco-maçons e a outros

Tradução de Simone Ceré

Editora Sulina

Copyright © Michel Maffesoli, 2019

Título original: Le Trésor Caché: lettre ouverte aux francs-maçons et à quelques autres

Capa: Humberto Nunes
Projeto gráfico e editoração: Niura Fernanda Souza
Revisão técnica: Juremir Machado da Silva
Revisão: Álvaro Larangeira
Tradução: Simone Ceré
Editor: Luis Antônio Paim Gomes

Dados Internacionais de Catalogação na Publicação (CIP)
Bibliotecária Responsável: Denise Mari de Andrade Souza – CRB 10/960

M187t	Maffesoli, Michel O tesouro escondido: carta aberta aos franco-maçons e a outros / Michel Maffesoli, traduzido por Simone Ceré. -- Porto Alegre: Sulina, 2019. 191p.; 14x21 cm. Título original: Le trésor caché: lettre ouverte aux francs-maçons et à quelques autres. ISBN: 978-85-205-0840-4 1. Sociologia. 2. Filosofia. 3. Maçonaria. 4. Humanismo. I. Título. CDD: 300 CDU: 101 316

Todos os direitos desta edição são reservados para:
EDITORA MERIDIONAL LTDA.

Editora Meridional Ltda.
Rua Leopoldo Bier, 644, 4º andar – Santana
Cep: 90620-100 – Porto Alegre/RS
Fone: (0xx51) 3310.9801
www.editorasulina.com.br
e-mail: sulina@editorasulina.com.br

Março/2019
IMPRESSO NO BRASIL/PRINTED IN BRAZIL

Magistri, Amico
Defuncto
Gilbert Durand (1920-2012)
Discipulus, Amicus
M.M.

Sumário

Advertência 9

Introdução 11

I. **Um pensamento livre** 23

II. **A palavra perdida** 43
   1. Uma abordagem velada 45
   2. A vida do espírito 61
   3. A "pansofia" iniciática 81

III. **A tradição ou a cadeia do tempo** 99
   1. A sabedoria encarnada 101
   2. O pensamento progressivo 113
   3. Um barroco exemplar 129

IV. **A lei dos irmãos** 141
   1. Uma ordem simpática 143
   2. O mistério da trindade 153
   3. O retorno da criança eterna 169

V. **À guisa de conclusão** 181

Advertência

Eu não ensino, conto.

Montaigne

Em um momento em que prevalece a vilania, com uma atonia generalizada por consequência, o único estímulo válido é saber dizer as ideias da época. Buscar o permanente sob o transitório permite compreender o princípio sobre o qual repousa dada sociedade. É nesse sentido que se pode pensar a francomaçonaria como uma lente de aumento que faz surgir alguns aspectos da alma coletiva.

Foi esse o caso no século XVIII, apogeu da modernidade. E embora alguns de seus membros não estivessem conscientes disso, talvez possuíssem este "tesouro escondido" ao qual se pode recorrer a fim de compreender as características essenciais da pós-modernidade em curso: o comportamento iniciático das viagens, o ideal comunitário, a solidariedade fraternal, a tolerância e sua contrapartida, o relativismo; trata-se aqui de pequenos fatos significativos que caracterizam o humanismo autêntico.

São esses valores que, tal como um curso subterrâneo, alimentam a vida em sua inteireza e em sua crueza. Ora, não o esqueçamos, é percorrendo os lugares secretos que se evitam os lugares-comuns do pensamento conformista, e que se pode, portanto, chamar a atenção a este indizível que diz tudo.

Valores que exprimem a paixão pelo maravilhoso e dão um novo vigor, nas novas gerações em particular, a uma sabedoria que, desde sempre, respeita a alteridade natural e social. É isso a filosofia progressiva da maçonaria tradicional, aquela do enraizamento dinâmico. Isso cuja imagem da espiral é uma boa ilustração. Eis o que pode interessar aos humanistas e aos poetas – dá no mesmo – ávidos de harmonia.

Não crendo, por experiência, na eficácia das explicações pedagógicas, tenho por ambição semear nos espíritos alguns germes que, para alguns, não deixarão de crescer por si próprios. E isso lembrando que todo livro tem por colaborador seu leitor. É uma tal sensibilidade "a-dogmática", e apenas ela, que favorece o pensar autêntico: buscar, antes de tudo, a justeza dos sentimentos e, por isso, discernir a palavra pertinente que permite encontrar progressivamente a fala perdida e, portanto, fundadora.

Nada é verdadeiramente exato nas páginas que seguem, mas tudo nelas é verdadeiro. Quem pode compreender, compreende! Assim, negligenciando esses pensadores tão pouco razoáveis, o leitor atento de iniciado se tornará iniciador!

Introdução

Não há nada que escondido não seja revelado, nada de oculto que não seja conhecido. O que lhes digo nas trevas, digam-no à luz do dia; e o que escutam no fundo da orelha, proclamem-no dos telhados.

Mateus, 10:26-27

Tudo o que é importante está enterrado ou domina de cima. E é da conexão do baixo e do alto que germina o que posteriormente frutifica.

Os subsolos da vida! Não é neles que se desenha, secretamente, o que se passa com os destinos humanos? É o lençol freático que, em dado lugar, sustenta fauna e flora. Das grutas de Lascaux às catacumbas romanas, é nas pregas subterrâneas que se inventa o que será progressivamente a civilização humana. Os historiadores não deixam de lembrar que é a partir da gestão dos esgotos, por exemplo, partindo do fórum, "*cloaca maxima*", que se estrutura a vida urbana. E o que seria das cidades europeias sem as pedreiras que lhes servem de alicerce e lhes fornecem o material necessário para seus edifícios?

"Fundações", "fundamentos", "fundamentais", poderíamos continuar a engrenar as palavras dando base às coisas. Conviria, portanto, não se deter na superfície. A energia viria dos estratos escondidos, constitutivos do dado mundano. Sabe-se que os fundadores das cidades antigas escolhiam os sítios em função das veias telúricas vindas deste ou daquele santuário sagrado. Mitos, tudo isso? Certamente. E é exatamente enquanto tais que eles são eficazes! Mas deixemos escapar a metáfora: de baixo para cima. É do alto que escorre água fecunda e fertilizante. É à imagem da bacia hidráulica que Gilbert Durand demonstrou como se constituía o sentido das coisas. A "bacia semântica". Fluindo no flanco das montanhas, corrente central, tudo isso é oriundo ainda desses santuários que, sob nomes diversos – Olimpo, Sinai, Fujiyama, Meru, Thabor, Montaigu, Potala, K'ouen-Louen e outros –, constituem essas montanhas axiais por onde se estabelecia a relação com o sagrado.

E é no encontro do baixo e do alto da terra e do céu que, em todos os tempos, se estruturou a potência do *viver-junto*. Potência natural, portanto, enquanto variedade e transformação, que se atualiza no devir cultural. Uma metáfora geológica traduziria bem isso: esses ofiólitos – *stricto sensu* "serpentes de pedra" – designam o conjunto estratificado de rochas magnéticas. Ou, para dizer num termo próprio da ciência do homem, "*habitus*", pelo qual Tomás de Aquino qualificava a relação existente entre um lugar, uma roupa e os costumes. O que chamei de "espaço e socialidade". Em outros termos, "culturalização da natureza" e "naturalização da cultura".

Tudo isso para lembrar que, sem polêmica excessiva, é preciso manifestar um repúdio veemente perante todos esses que celebram, sem discernimento, as ideias estabelecidas, e que, portanto, não podem perceber que a vida cotidiana se baseia empiricamente em relações secretas e significantes que se estabelecem entre todos os elementos de um real polissêmico. Holismo que permite compreender esta harmonia de conjunto que chamamos "cosmos".

O princípio de tudo está na relação. Na coincidência das coisas e das pessoas que fazem da vida isso que ela é. Estar religado, estar em relação é exatamente a poesia esparsa que oferece todo o seu sal ao dado mundano. É exatamente isso que constitui esse emocional indefinido no qual cada um se sente no mesmo plano com o que lhe cerca. Daí a necessidade de compreender esses cruzamentos que são como tantos hieróglifos que convém decifrar.

Essa "religação" fundamental, ou seja, esse desejo de estar com e de estar em confiança, é encontrada com constância ao longo das histórias humanas, em todas as associações que fazem da fraternidade o elemento motor do *viver-junto*. "Religação"! Utilizando e desenvolvendo, cada um à sua maneira, esse termo proposto pelo sociólogo Marcel Bolle de Ball, Edgar Morin e eu mesmo mostramos que não se podia compreender a complexidade e a inteireza humana a não ser a partir do compartilhamento dos afetos[1]. Não é isso esta *affectio societatis* ancestral?

Das heterias gregas à franco-maçonaria contemporânea, passando pelas diferentes gnoses e outros cultos misteriosos, é longa a lista de todas essas associações ocultas que se basearam no vínculo estreito existente entre o invisível e o visível, o imaterial e o material, mostrando assim a correspondência existente entre os altares celestes e as partes obscuras da consciência coletiva. Relação essa que permite, por meio do sentimento de pertencimento, estar à altura do cotidiano.

É porque soube compreender onde se formavam as relações secretas de tal *religação* que a franco-maçonaria pôde, no século XVIII, estar em sintonia com os tempos modernos, o que

---

[1] Cf. Ali Aït Abdelmalek, *Edgar Morin*, Éditions Apogée, 2010.
M. Bolle de Bal, *La franc-maçonnerie aux portes du devenir: un laboratoire de reliance* [A franco-maçonaria às portas do futuro: um laboratório de religação], Detrad, 1998.
Michel Maffesoli, *No fundo das aparências: por uma ética da estética*, Vozes, 1996.
Ver também *Homo eroticus*, CNRS éditions, 2012, em particular o capítulo sobre a irmanação.

lhe permitiu, ao longo do século XIX, ter uma inegável performatividade e exercer uma real influência no devir social. Mais precisamente à medida que soube orquestrar os pontos nodais em que se articulavam as correntes que animam a sociedade.

Assim, com a sensibilidade heterodoxa, à qual retornarei longamente, ela se opôs aos dogmatismos institucionais, ao obscurantismo e ao fanatismo, privilegiando a *educação* por meio do *racionalismo*, em vista de um *progressismo* infinito. Tem-se aí o tripé fundador de um contrato social que conduz à concepção de uma república una e indivisível. Mas eis que, nas metamorfoses próprias à humanidade, esses valores sociais se tornaram ultrapassados. Pouco a pouco, saturaram-se. Portanto fatigam e não são mais atrativos!

Daí a necessidade de saber musicar a heterodoxia de outra maneira a fim de identificar as formas que assume o imaginário pós-moderno. Pois é disso que se trata: localizar a vida escondida e secreta que está no fundo (os fundos) das sociedades contemporâneas. Procedimento exigente que não autoriza mais ser um Dom Quixote, esse "cavaleiro da triste figura" que luta contra moinhos de vento, mas, ao contrário, em referência à tradição, saber ler, ou seja, decifrar ou detalhar a retórica social do momento. Aquilo que existe, e não o que se gostaria que existisse!

É paradoxal? Não necessariamente, pois o *tesouro escondido* existe. E retornar às raízes, ser o que, na *Arte poética*, Horácio nomeia um *"laudator temporis acti"*[2], é demonstrar radicalidade. E assim seguro, evitar as facilidades da verborreia, as delícias incomuns da opinião, ou a açucarada sentimentalidade, que são as características essenciais da vilania contemporânea.

---

[2] "Aquele que louva o tempo passado." (Horácio)

Ela não é, necessariamente, consciente disso, mas a maçonaria tradicional tem algumas chaves que permitem acessar o *tesouro* em questão. Em todo caso, ela pode, pela fidelidade às raízes, dar algumas indicações para empreender a busca sempre renovada daquilo que existe. Chamo isso de "enraizamento dinâmico". Nesse sentido, não mais reduzir o outro ao mesmo, mas sim saber realçar a alteridade. Ou seja, identificar que outro tripé já está em curso na sociedade oficiosa e que, portanto, convém acompanhá-lo. Isso seria apenas para fazê-lo dar o melhor de si mesmo.

Nesse sentido, voltando às raízes, identificar o gosto pela *iniciação*, mostrar que isso se faz em função do *emocional*, usando uma filosofia *progressiva*. Assim, a *res publica* é diversa. O mosaico é a sua ilustração acabada que concilia as diferenças, deixando-as ser o que são. Eis o que é o intemporal tesouro das sociedades secretas, eis em que, tomando suas bases a partir de suas raízes, a franco-maçonaria estará em sintonia com o espírito do tempo e poderá voltar a ser *o centro da união*, que é sua natural vocação.

Por que falar de "tesouro escondido", se não porque no balanço das histórias humanas, no regime diurno do imaginário, sucede um regime noturno[3]? "Ó noite, como é doce teu mistério[4]."

E, nessas épocas – a pós-modernidade entre elas – em que prevalece o claro-escuro da existência, então renasce o gosto pelas sensações da alma. Portanto, o gosto pelo mistério. Uma frase de Balzac, em seu romance *Louis Lambert*, poderia nos ajudar a compreender isso: "*Abyssus abyssum* – nosso espírito é um

---

[3] Para esta distinção, ver Gilbert Durand, *Les structures anthropologiques de l'imaginaire* [As estruturas antropológicas do imaginário], 13. ed., Bordas, 2012.
[4] Jean-Philippe Rameau, *La nuit* [A noite].

abismo que se deleita nos abismos", o que não deixa de despertar a lembrança deste desconhecido que dorme em nós.

O imperativo das Luzes, cuja dinâmica foi imperiosa e, em seu tempo, salutar, se encerra mal com a ideologia da transparência. Daí, em compensação, de maneira difusa, o gosto pelo que está escondido, velado. Não são belas essas flores em botão das quais esperamos a floração? E no amor, as mais doces confissões não se fazem em segredo? As coisas escondidas não carecem de atração? "Ó noite, como é doce teu mistério." E o mistério, repito, é exatamente isso que une os iniciados entre si.

Vamos mais longe. A inegável contribuição da psicanálise, da qual Freud lançou as bases, e aquela da psicologia das profundezas, que se deve a C.G. Jung, repousam justamente na necessidade de ter em conta, ao lado da pura razão, esse não racional implantado na vida individual e coletiva. O que aparece do *iceberg* não sendo senão uma minúscula parte de um conjunto mais vasto.

O instante obscuro, a parte maldita, o papel da sombra. Eis o que é esse *tesouro escondido*, do qual a maçonaria tradicional busca sempre e de novo o mistério[5], e que está no próprio âmago do inconsciente coletivo contemporâneo. É surpreendente ver quanto a exigência intelectual do momento é totalmente indiferente às certezas propostas pelos grandes sistemas elaborados durante a modernidade. Como lembrou o filósofo Jean-François Lyotard, a pós-modernidade é exatamente "o fim das grandes narrativas de referência".

Desse modo, se retorna empiricamente ao papel que desempenha a *iniciação* (a aprendizagem) na necessária socialização das energias juvenis, à importância do emocional, ou seja,

---

[5] CF. B. Pinchard, "Les mystères de Béatrice" ["Os mistérios de Beatriz"] in *Renaissance et lumières* [Renascimento e Luzes], *Cahiers Villard Honnecourt*, 2014.

da razão sensível, na construção pessoal e coletiva. Isso que a filosofia *progressiva*, da qual a maçonaria guardou o segredo, resume magistralmente.

Progressividade: a verdade não é dada de uma vez por todas. Ela é relativa, ou seja, vetor de relacionamento: com os outros e o mundo. Como lembra Martin Heidegger ao longo de sua obra: é a *revelação* momentânea, jamais acabada, sempre a refazer. O mais perto possível de sua etimologia grega, "*a-létheia*", ela remove o véu. Mas estando entendido que só há revelação porque existe a retirada, o que está *escondido*!

É assim que a inquietude contemporânea se junta à tradicional busca do que está oculto. Para dizer à maneira de Fernando Pessoa, em sua inestimável obra esotérica, é uma "intranquilidade" que, enraizada no passado, indica os caminhos do futuro. E, lembrando que a maçonaria é uma ordem secreta, ou mais exatamente uma ordem iniciática, assinala que, "de resto, tudo o que se faz de sério ou de importante em reunião, neste mundo, se faz secretamente"[6].

Daí a necessidade de uma análise serena e minuciosa, lembrando a perduração do mistério, a encontrar nos momentos marcantes das culturas humanas. Para citar apenas alguns exemplos, evidentemente a busca do Graal, própria da tradição cavalheiresca; a taça do rei de Thule, lembrada por Goethe, que sabia um bocado de maçonaria, em seu *Fausto*; e o que se encontrará na taça do Felibritge, de Frédéric Mistral:

"*Coupo Santo*
E versanto
Vuejo à plen bord
Vuejo abord

---

[6] F. Pessoa, *Obras completas*. T. 1 – Prosas. Ed. De La Différence, 1988, p. 471.

Lis estrambord
E l'emavans di fort!"
("Taça santa e transbordante, derrama até a borda, derrama em profusão os entusiasmos e a energia dos fortes!")
Esta taça perdida e a encontrar é isso mesmo que dá uma ebriedade coletiva. Eterna busca dionisíaca das heterias gregas, essas sociedades de poder oculto! Procura orgiástica, ou seja, da paixão comum, característica dos maçons operativos da Idade Média, que renasce na taverna "O ganso e a grelha" das lojas londrinas do século XVIII. É também aquela das erupções juvenis pós-modernas que, em suas aglomerações, retomam o desejo de um ideal comunitário. Eis o *tesouro escondido* de um humanismo integral, ancestral, que encontra em nossos dias força e vigor.

Tenhamos também presente que essa taça do Graal ou aquela dos "fortes" é também a do enfrentamento. Desde a "taça de ouro" que os ingleses atribuíram ao vencedor das corridas de cavalos de Ascot, no século XIX, múltiplas são as taças esportivas – Copa do Mundo, Copa Davis... – que recompensam a coragem e a energia. O que se pode, alusivamente, pôr em paralelo com o "cálice da amargura"[7], ou ainda com o fato de "beber o cálice até o fim".

Todas essas coisas que conotam o aspecto coletivo das provas. O enfrentamento do destino sendo nada menos que individual, mas sempre o fato de uma comunidade. E sustento, sem paradoxo algum, que, da busca dos cavaleiros da Távola-Redonda a dos iniciados contemporâneos, passando pelos "Iluminados"[8] da Baviera, encontram-se os mesmos combates de alma. Combates dos quais encontramos eco nas redes sociais

---

[7] Taça sagrada da maçonaria usada em cerimônias de iniciação. (NT)
[8] Sociedade secreta da época do Iluminismo, fundada em 1776, na Alemanha. (NT)

na Internet, onde se exprime, com intensidade e eficácia, uma idêntica preocupação com a solidariedade e a generosidade.

Quando tentamos ressaltar as estruturas intemporais em curso em nossas sociedades, é preciso saber distinguir o essencial do adventício. Nesse terreno, reconhecer que, ao contrário de um suposto individualismo, vê-se (re)nascer uma ordem simbólica em que predominam os tormentos do amor. *Ordo amoris* em que a prevalência do Eu deixa o lugar para a do Nós.

O que implica que se saiba ver que, em um sistema de dependência misterioso, se está preso por obscuros vínculos. Vínculos que unem simultaneamente a maçonaria tradicional e as práticas mais cotidianas da vida corrente pós-moderna. Aquela propondo a esta bases nas quais será possível apoiar a construção da sociedade em curso.

Pode-se, desse ponto de vista, falar da atitude profética da franco-maçonaria? Sim, prendendo-se à etimologia do termo, lembra-se que *"pro pheni"* significa "dizer na frente", e não "dizer antes"! Ou ainda, na mesma ordem de ideias, sabe-se fazer uma pesquisa apocalíptica, ou seja, permitindo a revelação daquilo que existe e não se sabe ver. Talvez, simplesmente, porque isso "fure os olhos"!

Mas para tanto é preciso que se saiba adotar uma atitude desenvolta e séria ao mesmo tempo, para compreender o que move em profundidade aquilo que existe, e que se saiba desprezar as encantações um tanto repetitivas dos adeptos do *progressismo*, a fim de extrair todas as consequências da filosofia progressiva. Talvez aí se encontre o centro da busca pelo *tesouro escondido*: a saber, a repulsa dessas frases feitas que, calçando as gastas pantufas do progressismo do século XIX, só traduzem a mediocridade da opinião convencional.

Naturalmente, ao contrário das formas abastardadas ou substituídas, sejam elas legalistas, especuladoras ou simplesmente "clubistas", a questão aqui é uma franco-maçonaria ideal que é frequentemente mais pertinente que os próprios franco-maçons! Trata-se de um tipo ideal ou daquilo que Hegel (cuja proximidade com esta sociedade de pensamento direi) chama de indivíduos históricos: "Eles querem e realizam não uma coisa imaginada e presumida, mas uma coisa justa e necessária que compreenderam porque receberam interiormente a revelação disto que pertence realmente às possibilidades do tempo"[9].

Trata-se da outra maneira de dizer esse *Zeitgeist*, esse espírito do tempo que faz de nós o que nós somos. É assim que a maçonaria tradicional, não adulterada, não alterada, não enervada, pode ser considerada como uma lente de aumento graças à qual a pós-modernidade pode se realizar. E isso atualizando, ou seja, tornando presentes, todos os possíveis que estão nela.

Mas para compreender as linhas de força do espírito do tempo, não se pode, com arrogância, seguir a via segura da demonstração dedutiva. Simplesmente porque a verdadeira significação não tem sentido, ou antes, não se reduz a um sentido finalizado. Portanto, não se pode ir direto ao objetivo. O pensamento procede por etapas. Mostra de maneira indutiva. Como o pássaro que se dobra às correntes nas quais se banha, ao mesmo tempo que mantém o rumo, viravolta e plana: o que não carece de beleza nem tampouco de justeza. Ou, para dizer em termos mais elaborados, à imagem deste adágio próprio da mística e da sabedoria popular: "Deus escreve certo por linhas tortas"[10].

Isso que me conduziu, de uma parte, a desenhar alguns traços do "método" – que entendo aqui como "abordagem" – e do sonho intemporal da sensibilidade maçônica: qual é o espírito que a anima? Qual é o tipo, o arquétipo de seu ideal? E, de outra

---

[9] Hegel, *La philosophie de l'histoire* [A filosofia da história], LGF, La Pochotèque, 2009.
[10] Provérbio português citado por Paul Claudel.

parte, a ver em que e como tal arquétipo se reatualiza nessas formas pós-modernas que não deixam de nos surpreender, até mesmo de nos chocar. Mas não se pode negar a importância crescente que elas tomam na vida cotidiana.

Certamente a ressurreição da abordagem iniciática, do ideal comunitário, dos pactos emocionais, de uma razão sensível, do sentimento de pertencimento, tudo isso tem como atormentar a opinião estabelecida em suas certezas individualistas e racionalistas. É também certo que o progressismo e o republicanismo que servem de padrão à sociedade oficial, desse modo, envelhecem rapidamente. Eis o que perturba o pensamento conformista!

Mas a filosofia progressiva, que é por essência "a-dogmática", não procura agradar. Desde sempre sua ambição foi dar a pensar. Mais precisamente mostrando como o que está em sofrimento pode alcançar a plenitude de seu ser. Como o anômico torna-se progressivamente o canônico. Em um momento em que é comum ser militante, em que a convicção ocupa o lugar da análise, é preciso lembrar que este "a-dogmatismo" não é sem vínculo com a "neutralidade axiológica", cuja pertinência e aspecto prospectivo foram mostrados pela obra de um pensador como Max Weber. Mais precisamente na medida em que esta sensibilidade teórica é um bom estimulante da inteligência, que convém compreender, *stricto sensu*, como esta capacidade de reunir o que está disperso.

Esta sensibilidade "a-dogmática" corresponde bem à abordagem iniciática, sensibilidade relativista, tendo em vista que relaciona os diversos elementos de um dado plural, se dirige a um leitor imaginativo, não aprisionado nas certezas baratas do conformismo oficial. Se este é seu caso, leitor benévolo, pode prosseguir a leitura.

Grandes funções societais	Modernidade Séculos XVII-XX	Tesouro escondido da franco-maçonaria	Pós-modernidade Século XXI
Socialização	Educação	Iniciação	Interação
Identidade	Princípio individualista	Associação fraternal	Vínculo comunitário: tribalismo
	EU	NÓS	NÓS
Fundamento	Lei do pai	Egrégora	Lei dos irmãos
Princípio metodológico	Racionalismo	Razão sensível	Raciovitalismo
Filosofia	Progressismo	Filosofia progressiva	Ecosofia (ou progressividade)
Relação com o tempo	Linearidade da história	Tradição (passado) encarnada no presente	Instante eterno: o presente contém o passado e é repleto de futuro
Vínculo social	Contrato social que une os indivíduos entre si via Estado social	Irmanação: identificação com os irmãos	Pacto emocional

I
Um pensamento livre

O pensamento precede a ação, como o relâmpago o trovão.
Heinrich Heine

Lembramos que para Hegel o fim existe como tal apenas porque ao mesmo tempo é princípio! Eterno recomeço das histórias humanas a partir de bases sólidas: o enraizamento dinâmico. Outra maneira de dizer a eficácia da tradição: aquela da concatenação das idades sucessivas. O que permite compreender que possa recuperar força e vigor tal elemento essencial da natureza humana que havia caído em desuso.

É isso, para retomar uma expressão favorita da filosofia, que permite "marcar época". Isso que necessita sempre que se saiba viver e pensar fora das rotinas intelectuais, incita igualmente a não andar em fila em passos cadenciados, em função das injunções editadas pelo conformismo do momento. É assim que se pode concordar com o que move em profundidade o inconsciente coletivo.

Hegel, Fichte, Descartes, espíritos livres e tolerantes.

Os historiadores da filosofia relatam justamente que o fim-começo de Hegel, seus funerais, apresenta aspectos enigmáticos. É nesse sentido o discurso pronunciado por um de seus amigos, Friedrich Förster. Ele o qualifica de "cedro-do-líbano", fala de coroa de louros, ou ainda de "estrela do sistema solar do espírito mundial". Todas alusões a graus precisos da maçonaria antiga e aceita, filiada à grande loja de Berlim, que era também aquela à qual pertencia Fichte!

Hegel, "franco-maçom revelado"[1], poderia ser apenas anedótico, a menos que, para ele, "marcar época" consista em evocar esses elementos cardinais de toda abordagem iniciática. De um lado, a irrefutável liberdade de pensar em luta constante contra todos os dogmatismos – o que é o sopro vivo da tolerância –; de outro, esta maneira sub-reptícia, que lhe foi justamen-

---

[1] Cf. J. D'hondt, *Hegel*, Calmann-Lévy, 1998, p. 26 e p. 19-24.

te criticada, de identificar o homem com Deus: fundamento de todo humanismo digno desse nome.

É uma audácia de pensamento que, embora os protagonistas não estejam sempre, ou com plenitude, conscientes dela, constitui isso que qualificarei de "tesouro maçônico". Tesouro secreto em que se cristaliza um prazer imemorial. Aquele da unicidade de todas as coisas. Aquele que Goethe resumia lindamente: "Não deteriorar nada, não destruir nada."

Audácia que já se encontrava nesta outra figura de proa que é Descartes. Pouco importa que ele tenha sido ou não rosa-cruz. Ele reconheceu tê-los procurado e seu nomadismo – Vale do Reno, Ulm, Países Baixos, Itália – o fazia suspeitar de fazer parte desses "invisíveis" aos quais se creditava um misterioso saber que unia meditação e ação para um melhor ser humano. Seu interesse repousava sobre o que era sua exigência essencial: estar sempre em busca daquilo que valia "a pena ser sabido": um método que permitia a reforma universal do mundo em sua totalidade, pelo Espírito da Verdade[2].

Fazer referência a Hegel, Descartes ou Goethe não é fazer uma simples *captatio benevolentiae*, mas sim lembrar aos francomaçons, e a seus detratores, que o que está em ação na abordagem iniciática é uma vigilância de todos os instantes contra as rotinas intelectuais. Isso que termina em um pensamento desperto, sempre alerta, aquele do questionamento. E nisso os espíritos agudos não se enganam!

Saber colocar as questões, começo de um caminho de pensamento que se afasta das facilidades da opinião, necessita de discernimento. Isso que é, de sabedoria antiga, o próprio fundamento deste misto tipicamente humano que é o bom senso e

---

[2] Cf. G. Rodis-Lewis, *Descartes*, Calmann-Lévy, 1995, p. 59-60.

a razão justa reunidos. Discernimento, é assim que se traduziu uma noção essencial da filosofia medieval: "*discretio*". O discernimento (pensar as coisas com justeza) sabe ser, deve ser discreto! Desse modo, a relação entre o discernimento e o segredo é evidente. Dando a esse termo seu sentido mais estrito, livrando-o de todas as elucubrações subalternas, é o esotérico que permite que haja o exotérico. Interação do fundo e da forma, do invisível e do visível, em resumo, da germinação e da eclosão. Eis o que é o centro da ordem das coisas[3].

Em um tempo em que a imbecilidade ambiente – entendendo como aquela que agita sem a ajuda do bastão ("*baccilus*") da razão sensível –, procedendo sem a prudência do discernimento, tagarela sobre a necessidade da transparência, a tradição maçônica evoca, com justeza, isso que é o claro-escuro da existência. Justificando assim a aproximação semântica, que é necessário dizer e redizer, entre "húmus" e "humano". Isso que tem por corolários humildade e humor.

Discernimento, discrição. Eis o enraizamento de todo humanismo.

Sabedoria ecosófica que reconhece a necessidade do enterramento anterior à florescência. Sabedoria tradicional que postula a importância das raízes para a emergência da vida. Senso comum que lembra que as fundações profundas garantem a solidez das construções. E não é paradoxal ver aí a dialogia em ação entre o humanismo e as sociedades secretas, que são seus vetores essenciais. Relação fecunda que se pode resumir por meio de um oximoro dos mais pertinentes: "enraizamento dinâmico". A "força" ("*dunamis*") sendo interna à natureza humana.

---

[3] Cf. M. Maffesoli, A ordem das coisas, Forense Universitária, 2016; igualmente, *No fundo das aparências*, Vozes, 1996.

Eis o que, para além de um racionalismo ao mesmo tempo arrogante e paranoico, racionalismo do qual não se acabaram de medir as consequências na devastação do mundo contemporâneo, pode ser a fecundidade de uma razão sensível. Razão vitalista que sabe, de saber incorporado, que a verdade, assim como afirma Heidegger, é um desvelamento sempre e de novo renovado[4]. É porque há retirada que há revelação.

Seria necessário, claro, retornar, mas o segredo maçônico, outra maneira (*"aletheia"*) de dizer seu "tesouro", pode assim ser considerado como uma reserva do ser que é necessário, com paciência, discrição, descobrir. Tal é o ponto nodal da filosofia progressiva: o homem perpétuo aprendiz. Isso pode assumir nomes diversos, mas esta busca do Graal pode ser considerada como uma estrutura antropológica que, tal qual um palimpsesto, rediz, em camadas superpostas, que se completam e se corrigem, que o arcaico está no fundamento, que ele é primordial, e que é ele que dá as bases intangíveis a todo desenvolvimento futuro.

O arcaico é primordial, é o fundamento.

Trata-se aí do princípio maçônico essencial, que, confundindo progressismo com progressividade, os próprios maçons tendem a esquecer, até mesmo a negar. É, contudo, o que dizem suas lendas e seus rituais lembrando, sob formas imagéticas, portanto um pouco pueris, que é o segredo compartilhado que assegura a perduração do ser coletivo. É ele que torna visível uma força invisível.

Hegel e Descartes, cada um à sua maneira, como assinalei, insistiam sobre o lento e laborioso caminho de toda existência humana e da ciência, a ciência do homem, que permite e legi-

---

[4] Cf. M. Heidegger, *L'essence de la vérité* [A essência da verdade], Gallimard, 2001.

tima esta última. A obra do primeiro é, em parte, esotérica. O segundo aconselhava a "avançar mascarado", o que não prejudica em nada seus progressos ulteriores. Bem ao contrário. É, portanto, sob sua égide que se pode colocar a pertinência da abordagem maçônica: arcaica, porém atual, secreta e não menos evidente, tradicional e contemporânea.

Sociedade secreta porque discreta, ou seja, capaz de discernimento. Nesse sentido, que sabe discriminar o que é essencial, o pensamento encarnado, a filosofia "progressiva", do que é adventício, a *doxa* moldada inteiramente por preconceitos. A injunção de "deixar seus metais"[5] na entrada do templo é uma bela metáfora de tal liberdade de espírito. A força do silêncio, o silêncio imposto ao aprendiz o testemunham: o que é secreto e discreto é um bom antídoto ao ensurdecedor barulho midiático dos aventureiros.

O tema da circulação das elites deste bom conhecedor da franco-maçonaria que era Vilfredo Pareto repousa na diferença que estabelece entre o que é essencial – os resíduos – e o que varia – as derivações. Isso que é a pedra de toque do questionamento que nos ocupa é bom se fixar ao invariante. Ou ainda, estimar o que passa tendo por referência o intemporal. Por exemplo, o *progressismo*, causa e efeito de determinada época, é tributário da *progressividade,* que reside no próprio âmago da evolução da espécie humana.

Resumindo, não há vida senão por e graças ao *mistério*. O mistério sendo, lembremos, o que une os iniciados entre si, ou seja, esses que compartilham *mitos* e que, portanto, se calam

O mistério une os iniciados.
É o tesouro, a busca imemorial dos colégios invisíveis.

---

[5] Uma das regras da maçonaria, "Deixar os metais à porta do templo" lembra aos iniciados que as questões profanas devem ser deixadas do lado de fora da loja. (NT)

diante daqueles que são incapazes de compreender os arcanos próprios do labirinto do vivido. A introversão é necessária ao desenvolvimento.

De fato, é assim que se pode compreender o mito de Teseu[6]. Imagem que, segundo Virgílio, estava desenhada na porta da casa da Sibila[7]. Também é encontrada na "caverna" platônica e na mandala. A tradição judaica da cabala faz dela igualmente estado e um atributo da sabedoria de Salomão e de seu templo. Os construtores das catedrais enfim a utilizaram a seu bel-prazer, e fizeram dela a assinatura das confrarias iniciáticas. O grande labirinto da catedral de Amiens, com sua alternância de pedras brancas e escuras, é uma boa ilustração da relação estreita existente entre exotérico e esotérico.

Esta é a importância do secreto, da *discretio* perante a ideologia da transparência. Estamos no centro de nossa "baixeza", que, para retomar uma bela observação de Chateaubriand, consiste em se esconder "certos aspectos frágeis da alma: a alma tem suas necessidades indecorosas e suas baixezas como o corpo". O belo, ideal humano, sendo a arte de escolher e de esconder[8]. É reconhecendo isso que se ultrapassará a lancinante ladainha da transparência que repetem, em todas as épocas, os inquisidores que lutam contra a corrupção em nome de uma pureza (ou purificação?) de consequências inquietantes.

Quanto ao discernimento-segredo, é o feito dessas sociedades invisíveis que se transmitem um conhecimento enraiza-

---

[6] Teseu é considerado um dos maiores heróis da mitologia grega, tendo livrado a Grécia de vários monstros, entre eles o Minotauro. Seu nome significa "o homem forte por excelência". (NT)

[7] Virgílio, na *Eneida*, confere a Sibila de Cumas a missão de guiar Eneias na sua descida ao Inferno. Tanto as sibilas gregas quanto as romanas tinham a função de interpretar os oráculos sagrados e os sinais enviados pelos deuses aos mortais. (NT)

[8] Cf. Chateaubriand, *Génie du christianisme* [Gênio do cristianismo], Pourrat, 1873, segunda parte, livro II, capítulo XII, p. 92.

do e, portanto, tolerante. Heidegger via nisso que nomeava de "círculo dos *lanthanontes*", o círculo dos não aparentes, círculo invisível, o lugar da resistência do pensamento. O lugar desses que trabalhavam "a muito longo prazo"[9]. A imagem é bela na medida em que chama a atenção para a necessidade de semeadura para toda colheita futura, o que é o elemento fundamental de um crescimento humano respeitoso, ao mesmo tempo do *viver-junto* e de seu ambiente natural.

É mesmo útil se lamentar? É preciso sempre vituperar, denunciar, acidamente, o mundo tal como é? Não é certo. Já indiquei quanto são cansativos, e bem inúteis, todos esses lamentos um tanto moralizadores com os quais nos gratificam os discursos da sociedade oficial. Em suma, é necessário sempre dizer não à vida? A sociedade oficiosa, quando não se perde em uma "via substituída"[10], via desviada que se acaba em uma palavra degenerada ou diluída, quando permanece na discrição e no segredo respeitável, é a guardiã de uma sabedoria imemorial que sabe que convém dizer sim ao que existe. Da mesma forma, sim ao mundo, a este mundo. Assim, continuando uma abordagem pitagórica, ela sabe reconhecer que tudo é, em seu sentido estrito, admirável, e que uma das maneiras de participar desta sabedoria é ver, como o reafirmam os rituais maçônicos, que o que existe está criando, sempre em devir, portanto nossa humana natureza é o fruto de uma dinâmica fecunda que mistura sabedoria, força e beleza.

Muito se comentou sobre o segredo maçônico. Foi isso mesmo que permitiu aos diversos dogmatismos eclesiásticos, depois aos regimes autoritários –

O segredo maçônico, denunciado pelos totalitarismos, um meio de lutar contra o conformismo.

---

[9] Cf. M. Heidegger, *Écrits politiques* [Escritos políticos], Gallimard, 1995, p. 189.
[10] Cf. Jean Baylot, *La voie substituée* [A via substituída], Dervy, 1985.

o comunismo soviético, o nacional-socialismo alemão, os fascismos espanhol e português –, condená-lo, persegui-lo ou tentar eliminá-lo. De fato, esse "segredo" consiste essencialmente em ser estranho às controvérsias fúteis que apaixonam a opinião. Resistir ao divertimento.

A "lei do silêncio" consiste em saber se calar sobre isso a propósito do que não há nada a ser dito. Sabedoria estoica profundamente enraizada: aquilo sobre o qual não se pode nada, torna-se indiferente. Posto em perspectiva, tomado do alto, relegando o subalterno a seu verdadeiro lugar: o irrisório. Silêncio que permite não ser abafado pelo "barulho das causas segundas" (Paul Claudel) a fim de escutar, em seu elã criador, o rumor de fundo do mundo em sua totalidade. Focalizando-se no essencial, a abordagem maçônica autêntica (e aquela emprestada pela "via substituída") está em condição de compreender e de acompanhar isso que nomeei, em diversos livros, a "centralidade subterrânea" de toda vida individual ou coletiva.

O segredo e a lei do silêncio evidenciam que se vive em um mundo misterioso, no sentido indicado anteriormente, e que convém aceitar como tal.

Entre esses mistérios fundadores de toda vida comum, há esse vaivém estrutural entre a gênese e o declínio. Engendramento mútuo em todas as coisas: natureza, civilização, política, afetos, indivíduos e comunidades, do nascimento e da morte. Assim, é recorrente na franco-maçonaria o recurso à fórmula tomada emprestada da alquimia: "*ordo ab chao*"[11]. Isso vem da mística judaica, da qual se conhece a influência sobre a abordagem iniciática, e que glosa longamente sobre a palavra bíblica: "*tohû vabohû*".

As provas iniciáticas: uma expressão da dialogia morte/renascimento.

---

[11] Ordem a partir do caos. (NT)

Desde o segundo versículo do Gênesis (1:2), está dito que a "terra era vazia e vaga", ou deserta e vazia: "*tohû bohû*". Caos precedendo a criação. E é a partir daí que a palavra divina dá a ordem: o mundo sob o "arco" estrelado. Encontra-se essa expressão em diversas ocasiões. Uma delas, instrutiva, é contada pelo profeta Isaías sobre o julgamento do Éden. É o dia da vingança (os que compreendem apreciarão!) quando Deus "estenderá o *cordão* do caos e o *nível* do vazio" (Isaías, 34:11). Mais uma vez o *tohû bohû* que precede uma ordem degenerada.

É isso que pretende ressaltar o segredo maçônico: a fundamental dialogia existente entre a morte e o renascimento. Cristalização, se há, do sentimento difuso na sabedoria popular das leis, inelutáveis, da transformação, do movimento constante das metamorfoses. Em todas as tradições, as provas iniciáticas repetem tal processo. A morte simbólica das "viagens" encontradas em todos os rituais exprime sem pressa o mistério do "*onostasis*": a ressurreição, o restabelecimento sucessivo no fim de uma maneira de ser e de pensar.

Ao se calar sobre o adventício, isso que é próprio do humano perecível, o segredo insiste na essência das coisas: o fim de uma era anuncia o nascimento de outra. O desacordo entre os antigos e os novos costumes é o indício de que uma época se acaba; um parêntese se fecha e outra começa: outro parêntese se abre.

Apelar ao espírito: uma saída a esta Crise que é morte e renascimento.

É nesse sentido que, na sucessão das crises civilizacionais, inscrevendo-se na longa cadeia do conhecimento tradicional, o *ordo ab chao* maçônico lembra que não se pode reduzir a uma causa material a falência de uma determinada organização social. Mas esta apela, simplesmente, a outra revolução espiritual, que é o apanágio e a honra de nossa espécie animal. O pânico pode reinar na bolsa de valores, as elites podem ser totalmente desconsideradas, a economia partir em pedaços, o essencial é poder falar do espírito para encontrar uma verdadeira saída à decrepitude de uma sociedade.

É frequente lembrar-se que a palavra "crise", em grego, significa "julgamento". Destaca-se menos, e não é menos importante, que designa também este instrumento que permite selecionar que é a peneira. Bela metáfora popular sublinhando que é preciso saber rejeitar o que deve ser rejeitado e igualmente guardar o que merece ser guardado.

A esse respeito, posso aqui registrar uma historieta pela qual, diz-se, começou a vida monástica de São Bento? É o que se convencionou chamar o "milagre da peneira quebrada"! Peneira que é emprestada à sua ama, e que esta quebra em duas partes. Bento as reunifica, porém, para escapar ao fervor de seus admiradores, se retira para um lugar deserto chamado "*Subiaco*", onde vai levar uma vida de eremita na gruta nomeada depois "*Sacro Speco*"[12].

Símbolo interessante essa referência a esse instrumento da vida corrente no mundo rural, na atmosfera fim de século que caracteriza o nascimento da reforma beneditina. Essa passagem da peneira que opera aquele que vai ser qualificado de "patriarca dos monges do Ocidente", o fato de ele próprio se retirar no segredo do deserto, tudo isso está na origem da extraordinária ação civilizadora do movimento beneditino, cuja importância na elaboração da civilização europeia todos os historiadores mostraram.

Ao final desse terrível século V, os bárbaros estão em todas as portas, o fim de um mundo é vivido e sentido como tal, e é retirando-se da ação imediata, é pela força do espírito que

---

[12] Cf. D. Claude J. Nesmy, *Saint Benoît et la vie monastique* [São Bento e a vida monástica], Seuil, 1959, p. 8.

outro mundo emerge. Fato que merece ser sublinhado quando se sabe o papel desempenhado pelos eclesiásticos quando a maçonaria, no século XVIII, pretende participar da elaboração de uma nova civilização[13]. E, retomando a intuição primordial de todos aqueles que Chateaubriand nomeia de "gênios-mães": é a força do espírito que é matricial. O resto – política, economia, social – vem de acréscimo.

A sabedoria da "peneira" é inegável na medida em que não procede de uma "*tabula rasa*", mas é feita de prudência, de discernimento, esta "discrição-segredo" que sabe, de saber incorporado (aquele da tradição iniciática), que a ordem das coisas é uma perpétua metamorfose, chamando sempre para um novo renascimento. Desse ponto de vista, os franco-maçons estão conscientes de que é preciso saber implementar uma medicina expectante, quer dizer, prudente, que sabe esperar aplicando remédios de longa duração, tendo dado suas provas ao longo do tempo.

A prudência, uma virtude maçônica que privilegia uma visão relativista do mundo.

Criticou-se com frequência na prudência maçônica esta atitude do meio-termo, tão longe do revolucionarismo quanto do conservantismo. Atitude que dá lugar a todas as sensibilidades. Mas isso apenas traduz o problema da harmonia, fosse ela conflitual, que rediz, sob uma forma sofisticada, o que a sabedoria humana sabe desde sempre: é preciso de tudo para fazer um mundo. E essas sensibilidades diversas, antes de se dizer e se viver à luz do dia, devem se experimentar no segredo disso que inconscientemente espera a manifestação consciente.

---

[13] Cf. L. Amiable. *Une loge maçonnique d'Orient*, [Uma loja maçônica do Oriente] (1789), a R.L., "Les neuf soeurs" ["As nove irmãs"] (Félix Alcan, 1897), edição ampliada de um comentário de Charles Poser, Edimaf, 1989, p. 5 e passim.

Talvez seja assim que se deva compreender esta lúcida observação de Bossuet na *História universal*, quando lembra que a "verdadeira ciência da história é notar em cada tempo as disposições secretas que prepararam as grandes transformações e as conjunturas importantes que as ocasionaram"[14]. Entre muitos outros, esse comentário destaca que é sempre na surdina que se operam as grandes transformações sociais. Quando Karl Marx utiliza a imagem da "velha toupeira", está na mesma sensibilidade teórica. É nesse sentido que o "segredo" e "a lei do silêncio" maçônicos redizem uma estrutura antropológica da qual não adianta querer se livrar.

Desse modo se diz a vida. Pois é disso exatamente que se trata. A medicina expectante da sensibilidade maçônica é uma sabedoria humanista que coincide com o tempo específico da natureza humana e o acompanha. E isso a fim de fazê-la dar o melhor de si, não forçando, de maneira paranoica, a ir para um futuro melhor, mas sim vivendo aqui e agora em meio a suas potencialidades. De todas as suas potencialidades: sentido e razão se fecundam um ao outro. Como indica Spinoza: *"Homo liber de nulla re minus quam de morte cogitat et ejus sapienta non mortis sed vitae meditatio est"*[15].

É bem uma sabedoria do cotidiano que propõe o acompanhamento maçônico, e isso pontuando o ano civil pelo calendário litúrgico, que é encontrado em todas as religiões. Os solstícios de inverno e de verão chamam a atenção para o sol que diminui,

Crescimento, decréscimo, eterna metamorfose: um incentivo para a inteligência.

---

[14] Cf. Bossuet, *Discours sur l'histoire universelle jusqu'à l'empire de Charlemagne* [Discurso sobre a História Universal até o império de Carlos Magno], Garnier-Flammarion, 1966, p. 354.

[15] Cf. Spinoza, *Éthique* [Ética], IV, 67: "O homem livre não pensa em nada menos que na morte, e sua sabedoria não é uma meditação sobre a morte, mas sobre a vida".

morte simbólica que prepara a morte real, e o sol que recomeça, alegoria da ressurreição e da luz do conhecimento. Na liturgia cristã: São João Batista, a voz que anuncia aquele que deve vir, São João Evangelista, que proclama a palavra, o verbo que se faz carne. "Solstício": "*sol stare*", o sol para, mas é a fim de que um novo ciclo recomece: a vida em seu desenvolvimento perpétuo! A eterna metamorfose das coisas e da vida é certamente o centro do esoterismo maçônico[16]. É desse modo que é, a longo prazo, e sob formas diferentes, um estimulante da alma, que continua a atrair algumas inteligências agudas e a dinamizá-la para um mais-ser existencial. E isso, muito precisamente, mostrando como o espírito, sem forçá-las ou devastá-las, permite que a natureza e a vida social deem o melhor de si mesmas.

A própria ideia da metamorfose é a de uma criação renovada que confia na eficácia interna das situações, e que reconhece que quando uma forma específica está esgotada, outra é chamada a assumir em seu lugar. Nesse sentido, e será necessário retornar a isso múltiplas vezes, ver como a franco-maçonaria, protagonista essencial da modernidade, está em sintonia secreta com a pós-modernidade nascente. E isso mesmo se muitos são os membros de diversas obediências[17] que não querem concordar, e até lutam contra tal estado de coisas.

Com efeito, essa transição de uma época a outra alguns não querem ver, pois a degeneração do pensamento, ou seja, a perda de suas qualidades originais, de seu rigor próprio,

Ao contrário do que se acredita, os franco-maçons estão em sintonia com a época: a pós-modernidade pensante.

---

[16] Cf. Gilbert Durand, *Les mythes fondateurs de la franc-maçonnerie* [Os mitos fundadores da franco-maçonaria], Dervy, 2002.
[17] Como se designam os agrupamentos de lojas maçônicas, com frequência sob forma federativa, Grande loja ou Grande Oriente. (NT)

impede o reconhecimento daquilo que existe. A rotina filosófica e as facilidades da opinião comum – é coisa frequente no desenrolar das histórias humanas – impedem de ver em que e como certas estruturas antropológicas, arquetípicas retomam força e vigor quando se acreditava que estivessem extenuadas.

Aliás, é preciso lembrar, a própria expressão "retomar força e vigor", que se encontra frequentemente nos textos e nos diversos rituais maçônicos, não traduz a inelutável recorrência dos fenômenos humanos? "Recorrente" não significa "corrente para trás"? Ou seja, retornar à fonte, regressar ao fundamental. O *"Schritt zurück"*, esse passo de volta para a experiência ancestral, aquela da tradição, da qual o pensamento alemão, em particular o de Martin Heidegger, mostrou a pertinência e a atualidade.

Bloqueio que se deve a elites que não estão mais em sintonia com a vida social real. E entre elas vários desses que se exibem como franco-maçons sem compreender sua íntima e profunda inspiração. Alguns têm o poder institucional, o da *opinião* publicada, mas que permanece uma simples *opinião*, e esquecem que o pensamento não é jamais e em nada redutível à facilidade exotérica.

Tal situação pode ser explicada por esta observação emitida, no domínio que era o seu, suas considerações sobre a Revolução Francesa, por Joseph de Maistre: "Seria desejável que esta nação impetuosa, que não sabe voltar à verdade senão depois de ter esgotado o erro, quisesse enfim perceber uma verdade bem palpável: que ela é enganada e vítima de um pequeno número de homens que se colocam entre ela e seu legítimo bem."[18]

Seu "legítimo bem" é, para ele, o soberano. Mas aí não está o essencial. O importante é a acuidade de seu olhar, que foi aliás

---

[18] Cf. Joseph de Maistre, *Considérations sur la France* [Considerações sobre a França], 1877, p. 215.

destacada por autores tão diferentes quanto Philippe Sollers e Cioran. Visão profunda dos acontecimentos e dos homens que lhe permite notar como uma minoria ativa, obcecada pelo *poder*, não está em condições de compreender qual é a verdadeira *potência* em curso em determinada época. Místico que era, Joseph de Maistre, fortemente marcado em sua juventude pelo pensamento maçônico[19], soube sempre ver, para além das agitações de superfície, quais eram as correntes profundas em operação nas histórias humanas.

Posso extrapolar seu propósito lembrando, além do movimento histórico que suscita essas considerações, que é comum que um pequeno número de homens se interponha, desempenhe papel acessório e impeça, por conseguinte, a verdadeira compreensão de determinada sociedade? Nesse sentido, além dos aspectos especulativos, políticos, até mesmo mafiosos dos quais se suspeita, qual é o verdadeiro sentido da franco-maçonaria? Talvez desempenhar o papel disso que G. Simmel, que conhecia um bocado sobre o tema[20], chamava de "rei clandestino" da época. Ou seja, aquilo que rege, realmente, as maneiras de ser e de pensar. Aquilo que age subterraneamente, mas de modo não menos eficaz. E isso porque aqueles que se aproveitam disso estão em sintonia com o *Zeitgeist*[21].

O objetivo da franco-maçonaria não é a especulação, a política ou as redes mafiosas, mas a busca de um pensamento pertinente para a época.

---

[19] Cf. Gilbert Durand, *Un Comte sous l'acacia* [Um conde sob a acácia] in *La sortie Du XX*^e*siècle* [A saída do século XX], CNRS Éditions, 2010, p. 673.
[20] G. Simmel, *Les sociétés secretes* [As sociedades secretas], Circé, 1991.
[21] Espírito do tempo, sinal dos tempos. (NT)

Portanto uma aristocracia do espírito um tanto libertária e menos preocupada com o poder instituído que com a potência que institui. Trata-se de uma visão de espírito um pouco utópica? Não necessariamente. Sem dúvida existem fardos sociológicos que conduzem ao conformismo lógico. Uma endogamia que favorece o pensamento conformista, que repete ao infinito frases feitas e multiplica os lugares-comuns. Tal entre-si pode até mesmo chegar a práticas perversas em que a legítima solidariedade se inverte em privilégios generalizados em que o favor substitui o mérito. É o que desde sempre se nomeia "*pactum sceleris*"[22]. Trata-se de um fenômeno recorrente de toda sociedade humana um pouco enfraquecida. A mediocridade, que encontra um complemento de primeira na midiocracia, tende a favorecer a preguiça. Não é isso que nos lembra a roborativa lucidez de um Chateaubriand? "A incapacidade é uma franco-maçonaria cujas lojas estão em todos os países."[23]

Tudo isso é bem real e constitui uma evidência que seria inútil negar. Como dizia Montaigne, nossa pobre "baixeza" é o que é: é preciso aceitar suas taras. Mas, aquém ou além de tal degeneração, persiste certo gosto por um pensamento exigente, lúcido e enraizado na tradição. Isso é particularmente visível nas novas gerações, que não conheceram as euforias ideológicas herdadas do século XIX e, portanto, as ressacas que se seguiram ao brutal despertar que provocaram os totalitarismos, em particular marxistas, vindos dessas teóricas construções um tanto paranoicas.

---

[22] Pacto do crime. (NT)
[23] Chateaubriand, *Mémoires d'outre-tombe* [Memórias de além-túmulo], livro 38, capítulo 6.

A paranoia, sem dúvida, em seu sentido simples, é a doença psiquiátrica que, se sabe, contribui para uma personalidade em que dominam rigidez, orgulho, superestimação de si e, sobretudo, argumentações construídas a partir de *a priori* duvidoso. Não esqueçamos que etimologicamente se trata de um pensamento que se pretende dominante ("*para noia*" em grego). Um pensamento que estabelece e impõe.

Completamente diferente é a abordagem da franco-maçonaria ideal, cujo caráter essencial, para retomar uma expressão de Auguste Viatte, é a heterodoxia[24]. E é afastando-se de todo dogmatismo, relativizando a escolástica que, ao longo do século XVIII, esteve em sintonia com seu tempo. É daí que provêm a tolerância e a abertura à alteridade. Trata-se de seu princípio gerador, diríamos hoje, seu "código genético".

Um pensamento para o nosso tempo, eis o que atrai as novas gerações.

Isso que faz *pensadores livres*. Não confundir com os "livres-pensadores" dos quais Nietzsche lembrava que não eram livres nem pensadores!

É esta alternativa ao fanatismo que atrai, cada vez mais, os espíritos ávidos de exigência espiritual. Pois, além das escolásticas do momento, aquelas do conformismo moralizador, há um desafio que nos lança a pós-modernidade: encontrar as palavras menos falsas possíveis. Palavras que possam vir a ser fundadoras. Não é isso a busca contínua do que se convencionou chamar de busca da "palavra perdida"?

Estar em sintonia com o espírito do tempo pós-moderno. Encontrar as palavras para dizê-lo. Isso necessita de alguma audácia. Mas o espírito que questiona é sempre aventureiro. Tal

---

[24] A. Viatte, *Les sources occultes du romantisme* [As fontes ocultas do romantismo], Champion, 1965.

era, em seu tempo, a coragem do filósofo Hegel, citado antes: "Isso que se chama temor do erro se faz conhecer mais como temor da verdade". É preciso, de fato, desdenhar pusilanimidades, que são próprias dos espíritos estreitos. Não ter medo das responsabilidades intelectuais. Ou seja, "responder" ao desafio em questão. Em suma, ver em que os "grandes mitos fundadores" da franco-maçonaria são, sempre e de novo, atuais. Isso não deixa de fazer mal, de irritar. Mas, como lembrava Virgílio, não é essa a marca de um pensamento autêntico? *"Jubes renovare dolorem"*, "me ordenais a reabrir feridas cruéis". De fato, é preciso fazê-lo!

II
A palavra perdida

Ó homem, olha-te, tens em ti o Céu e a Terra.
Hildegarde de Bingen

1- Uma abordagem velada

Se, ao longo do tempo, a abordagem maçônica foi suspeita, inquietada, até mesmo perseguida, é porque sua heterodoxia é um tanto insolente perante as ideias estabelecidas. E é assim que, de um lado, responde à tradição imemorial e, de outro, pode estar em sintonia com o não conformismo característico dos valores pós-modernos.

Mas, para compreender isso, é preciso desenvolver um pensamento exigente. Como destacavam os antigos, este não é um *"lectulus florulus"*, esse "pequeno leito todo florido", no qual se aquecem, discursando, aqueles que não tendo nada a dizer o dizem ruidosamente. Se retomamos a metáfora da busca do Graal, ou a procura poética de um *tesoro nascosto*[1], aquela da palavra perdida tem a mesma ambição: inventar a vida.

Ou seja, trazer à luz aquilo que está aí. "Descobrir" aquilo que se tem algum receio de ver. É o caminho perigoso da verdade: a *"a-letheia"* como "des-velamento". Não é fácil. Pois, além

O mito da palavra perdida: um pensamento questionador que funda o viver-junto.

ou aquém das certezas tranquilizadoras da *doxa*, isso nos força a sentir, sem muito temor, as insuficiências da vida, embora aceitando-as. É esta amarga sabedoria, que evita a armadilha da revolta como aquela do torpor, que está no âmago do humanismo maçônico.

---

[1] Tesouro escondido. (NT)

Mas isso não é jamais uma resposta. Sempre uma questão. A questão, que é, segundo Heidegger, "promessa do pensamento", consiste em cavar fundo neste "húmus" próprio de nossa humanidade a fim de revelar seus tesouros enterrados. O mito da palavra perdida encontra aí sua simples justificação; uma busca contínua na interioridade da língua. E assim tentar encontrar atrás da língua falada a língua falante. Encontrar sob as palavras (usadas, ocas, vazias, esclerosadas, etc.) a palavra fundadora. Base de todo *viver-junto*.

De Joseph de Maistre a Michel Foucault, vários são os espíritos agudos que destacam a relação estreita existente entre as palavras e as coisas, que sublinharam que "é uma força enorme a das palavras"[2]. Não se pode falar, a este respeito, em uma verdadeira "onomaturgia"? Aquela das palavras-paixão que suscitam a energia humana, ou seja, a incansável atividade própria de uma sociedade viva.

É esse questionamento constante que faz com que o pensamento maçônico, ou seja, a abordagem iniciática, não possa, de forma alguma, ser confundido com uma simples "engenharia" social, ou com uma ação politiqueira sem amanhã, da qual se suspeita frequentemente. Sua filosofia progressiva, sempre em movimento, se contenta em acompanhar o borbulhar da potência social. E isso pondo fogo no circo do que se convencionou chamar de "questões de escola", próprias dos dogmatismos de todos os tempos. É isso mesmo que permite estabelecer um vínculo entre a vida e o conhecimento da vida.

---

[2] Cf. J. de Maistre, *Soirées de Saint-Pétersbourg* [Noites de São Petersburgo], 8ª entrevista, Pélagand, 1850, p. 89, e M. Foucault, *As palavras e as coisas: uma arqueologia das ciências humanas*. Tradução Salma Tannus Muchail. – 8. ed. Martins Fontes, 1999.

O interesse da franco-maçonaria pelo societal: um real enriquecido pelo imaginário, pelo sonho, pelo espiritual.

Esta busca obstinada pela *palavra perdida*, ou seja, a palavra fundadora, poderia ser resumida por um termo bastante usado hoje em dia: "societal". De minha parte, o retomei a partir dos anos 1970, a fim de designar aquilo que não o reduzia ao simples racional próprio do contrato social.

No "social", o *viver-junto* puramente racional, tal como se elabora na modernidade. No "societal", um conjunto bem mais complexo, em que o imaginário, o lúdico, o onírico ocupam um lugar de destaque. Um lençol freático que irriga, em profundidade, a vida das sociedades. Um invisível que fortalece o visível. Esse preço das coisas sem preço que constitui, nos damos conta cada vez mais, o qualitativo de uma existência que não pode ser reduzida ao simples quantitativo.

Isso significa que o humanismo verdadeiro, ou seja, o humano em sua inteireza, não se resume a preocupações utilitárias. Não se pode mais considerar o homem a partir de um materialismo ultrapassado, esse do qual a economia é a perfeita expressão. Jean Baudrillard, à sua maneira, evocara essa passagem da necessidade ao desejo[3]. Relação eminentemente complexa que chama a atenção para a força do imaterial. O homem do desejo que aciona uma razão sensível é o centro da ordem simbólica cara à franco-maçonaria.

Inteireza do ser convocando ao constante despertar da inteligência. Inteligência que, o mais próximo possível de sua etimologia, consiste em harmonizar os pedaços desarmônicos

---

[3] Cf. M. Maffesoli, *La violence totalitaire* [A violência totalitária] in *Après la modernité?* [Depois da modernidade?], CNRS Éditions, 2010; e J. Baudrillard, *Pour une critique de l'économie politique du signe* [Para uma crítica da economia política do signo], Gallimard, 1972, p. 59 e 256.

do mundo. Compreender constituindo-se em "reunir o que está disperso". Aí novamente um problema maçônico constante: não aquele da unidade redutora, mas o da unicidade bem mais fecunda, na medida em que integra, com constância, os elementos mais diversos da pluralidade humana, da diversidade social. Todas essas coisas que caracterizam a riqueza antropológica da humanidade.

Portanto, compreensão e humanismo são indissociáveis. Daí o apelo lancinante à leitura que se encontra em todos os ritos maçônicos, e que constitui a via real na busca (Graal, palavra perdida, *tesoro nascosto*) em questão. Veja-se, por oposição, esta advertência que, profeticamente, fazia Fichte a esses leitores que "não leem mais livros, mas apenas o que os jornais dizem dos livros, e a quem esta leitura narcótica acaba por fazer perder toda vontade, toda inteligência, todo pensamento, e até a faculdade de compreender"[4].

A filiação desse filósofo à maçonaria é conhecida. Assim como sua ligação com o pensamento dela proveniente.

Compreender, questionar, se afastar das evidências do momento, uma busca infinita...

O que é indicado aqui é que o compreender, assim como o questionar, é a tarefa essencial de nossa natureza humana. Trata-se não de acusar, de vituperar, mas de acompanhar, pelo conhecimento, aquilo que existe. O que não ocorre sem perigo, em todo caso sem esforço, pois compreender todas as coisas é aceitar tanto os vícios como as virtudes: o húmus no humano.

O que implica (e está aí a honra da abordagem do aprendiz iniciado) que progressivamente se chegue à conclusão que nada se pode concluir, que os problemas não são para resolver, mas

---

[4] J.G. Fichte, *Considérations sur la révolution française* [Considerações sobre a Revolução Francesa], Payot, 1974.

para saber formulá-los bem. O que, é óbvio, faz com que a busca não seja feita para todos. Os escritos se dirigindo, portanto, apenas a alguns: àqueles que podem compreendê-los. Mais uma vez, é preciso lembrar, se trata de uma atitude que remete à aristocracia do espírito.

Seria, então, paradoxal destacar a relação estreita que existe entre a compreensão e o mistério? A douta ignorância do iniciado que sabe progressivamente que subimos tão mais alto quando se ignora aonde a deambulação existencial poderá nos conduzir. Com efeito, sabendo-o ou não, a *procura* própria ao *"Homo viator"* consiste em ignorar, até mesmo rejeitar os clichês que conduzem a objetivos conhecidos. O que é característico das certezas da opinião comum, ou ainda da erudição sem horizonte. Nisto a verdadeira busca consiste em tomar o caminho abrupto, estreito. Aquele que leva ao desconhecido ao qual aspira o homem do desejo.

Assim o compreender é uma luta constante que deve, a todo momento, se afastar das rotinas filosóficas, dos confortos dos dogmatismos e das garantias contra todos os riscos. Evidências do momento que, de maneira sorrateira, invadem o domínio público. Mais uma vez escutemos J. de Maistre: "As falsas opiniões parecem com a falsa moeda que primeiro é cunhada por grandes criminosos e usada em seguida por pessoas honestas que perpetuam o crime sem saber o que fazem"[5].

É para se ligar a um pensamento autêntico, para dar toda sua potência ao Verbo, que a franco-maçonaria celebra, de maneira quase litúrgica, o livro. Ele reina majestoso nas assem-

O livro, qualquer que seja: um reservatório da palavra comum, um "provar junto", o fundamento de uma ética.

---

[5] J. de Maistre, *Soirées de Saint-Pétersbourg* [Noites de São Petersburgo], op. cit., 1ª entrevista, p. 1.

bleias, reúne as consciências individuais, que sem isso estariam isoladas em um solipsismo muito estreito. Sabe-se, a esse respeito, que o "livro sagrado", seja ele qual for, estocou, ao longo da tradição, uma provisão "de hormônios simbólicos" que reinjeta na comunidade para lhe dar a vitalidade necessária à sua sobrevida.

Bíblia, Corão ou outro *corpus* tradicional podem ser considerados como "reservatórios energéticos" da palavra comum[6]. Há uma "pregnância simbólica" (E. Cassirer) que lembra que as *palavras*, pertinentes, tornam as *coisas* vivas. O que nos lembra que, sem dúvida, o homem é *sapiens*, mas é igualmente um animal *symbolicum*, ou seja, que reúne ideias, imagens, emoções e paixões em um misto que não pode ser mais fecundo. Em todo caso, isso a partir do que se constitui todo *viver-junto*.

Mas a função ética do "livro santo" – entendo por isso o que assegura a coesão do conjunto – não deve ser reduzida, o que é com frequência o caso, a uma erudição de mais ou menos boa qualidade, tendo por único resultado evitar a confrontação com o mundo contemporâneo. Desse ponto de vista, a multiplicação de revistas, de trabalhos históricos maçônicos, até mesmo de blogues na Internet, focalizando em um historicismo de visão curta, testemunha mais um isolamento um tanto sectário que uma abertura aos valores pós-modernos em gestação, dos quais são ávidas as novas gerações.

Pode-se comparar esse recolhimento àquele dos monastérios beneditinos dos séculos XVII e XVIII[7], aos trabalhos intelectuais essencialmente históricos, mas que, por isso, não participavam mais da dinâmica civilizacional impulsionada na Europa,

---

[6] G. Durand, *La foi du cordonnier* [A fé do sapateiro], L'Harmattan, 2014, p. 43 e 41.
[7] D. Claude J. Nesmy, *Saint Benoît et la vie monastique* [São Bento e a vida monástica], Seuil, 1959, p. 166.

por obra fecunda de São Bento. Comparação instrutiva quando se conhece a influência da vida monacal sobre os construtores das catedrais, os Companheiros do Dever[8], em primeiro lugar, depois sobre os franco-maçons operativos e, em seguida, os especulativos.

A fim de afastar uma última objeção sobre este tema, é preciso não confundir o reservatório energético do livro comum, símbolo da Palavra que age e estrutura, com a multiplicação das obras edificantes, de autoajuda e diversos sucedâneos de espiritualidade que fazem a fortuna da edição.

De fato, com a ajuda dos sucessos do New Age, é instrutivo notar que as livrarias de aeroportos, quiosques de estações e múltiplas vitrines estão cheias de publicações que tratam de iniciação, meditação, bom uso do corpo, filosofias orientais e espiritualidade em geral. A história das religiões, os romances, de *Harry Potter* ao *Código Da Vinci*, e outros *Infernum* têm o sucesso que se sabe. Em muitas dessas produções, é feita referência à abordagem maçônica, e isso de modo indelicado, mal informado, em todo caso bem "mercantilizado".

Não pretendo fazer uma crítica de tal entusiasmo. Consideremo-lo mais como um sintoma de um movimento de fundo: aquele da razão sensível. Ou seja, a reemergência de uma concepção inteira do humano. Por meio dos rituais, os corpos entram em correspondência com o espírito. Concepção holística que, naturalmente, se encontra no cerne da abordagem maçônica, e da qual a metáfora do mosaico é a ilustração mais evidente.

---

[8] Associações de solidariedade entre operários, para fins de formação e ajuda mútua. Em 2010, o sistema de *compagnonnage* (companheirismo) francês, que teve seu auge no século XIX, foi incluído na lista do Patrimônio Cultural Imaterial da Humanidade. (NT)

É preciso igualmente notar que é quando se acaba um ciclo civilizacional e se saturam as ideologias que o haviam cimentado que se veem as sociedades secretas (no sentido dado anteriormente a esse tema) retomar um novo vigor. Assim, sem que se possa estabelecer aí uma relação de causa e efeito, é necessário destacar o papel das lojas maçônicas no final do Antigo Regime[9] e sua ação durante a Revolução Francesa. As pesquisas do "maçonólogo" Charles Porset, *Hiram sans-culotte?*, dão uma visão equilibrada e que não pode ser mais pertinente sobre a questão[10].

O papel da franco-maçonaria na metamorfose societal.

O mesmo ocorre nos dias de hoje, em que a falência das instituições elaboradas ao longo do século XIX, a desafeição perante os partidos políticos, sindicatos ou associações oficiais andam juntas com o renascimento das tribos oficiosas, das quais faz parte a franco-maçonaria. A "irmanação" que ela propõe permite atenuar o vazio espiritual e o isolamento que se desenvolvem nas megalópoles pós-modernas. A solidariedade, o espírito de tolerância que ela preconiza convêm perfeitamente às novas gerações, que, já indiquei[11], desconfiam dos dogmatismos religiosos, políticos ou ideológicos.

As novas gerações em busca de comunhões emocionais.

Ao contrário do que se passa entre o Antigo Regime e a Revolução Francesa, a busca de novas formas de sociabilida-

---

[9] Período histórico que vai do século XVI a 1789, quando é criada a república francesa. (NT)

[10] C. Porset, *Hiram sans-culotte? Franc-maconnerie. Lumières et revolution* [Hiran sans-culote? Franco-maçonaria, Luzes e Revolução], Champion, 1998.

[11] Remeto aqui a meus livros: M. Maffesoli, *O tempo das tribos*, GEN, 2014, cap. 4-5, "La loi du secret" ["A lei do segredo"]; e *Hommo eroticus: comunhões emocionais*, GEN-Forense, 2014.

de, dentre as quais aquela proposta pela loja, é uma espécie de resposta à observação plena de humor de Joseph de Maistre: "Um homem só está sempre em má companhia!" A busca das comunhões emocionais está na ordem do dia, o que, obviamente, conduz à multiplicação dos lugares de trocas. Mas, se disse, trocas holísticas. Ou seja, de lugares em que a razão e os sentimentos entram em uma complementaridade ordenada.

Empregar palavras pertinentes: uma ordem simbólica. Buscar a sociabilidade, escapar ao isolamento, certamente, mas isso só é possível quando existem ao mesmo tempo as palavras pertinentes para dizê-lo, o que remete à elaboração de uma ordem simbólica. Apenas para mostrar que, desde que se abordam tais temas, não se pode estar limitado por teóricos exclusivos, posso aqui remeter a uma observação judiciosa de São Tomás de Aquino: "O uso popular, que é a regra dos sentidos das palavras, denomina sábios aqueles que estão encarregados de pôr ordem nas coisas e de bem governá-las. Assim, entre os atributos que os homens conferem aos sábios, Aristóteles declara que lhes cabe o de ordenar"[12]?

Pode-se interpretar tal análise de diversas maneiras. De minha parte, vejo nela o apetite, por vezes muito evidente, por uma sabedoria que sabe dizer e ordenar o mundo. As ideologias modernas estando saturadas, retorna-se para um conhecimento mais tradicional, que permite dizer uma "ordem das coisas" em adequação com a vida cotidiana. Conhecimento que não vem, de maneira dominante, do alto, mas que surge da experiência: aquela da inteireza característica da vivência dia após dia.

---

[12] São Tomás de Aquino, *Somme contre les gentils* [Suma contra os gentios], Livro 1, cap. 1, citado por M. D. Chenu, *Saint Thomas d'Aquin et la théologie* [São Tomás de Aquino e a teologia], Seuil, 1959, p. 49.

Tolerância e relativismo: a adequação da franco-maçonaria à pós-modernidade.

É isso a tolerância, virtude cardinal da franco-maçonaria que um de seus protagonistas importantes, Lessing, resume assim: "Que cada um diga o que estima ser a verdade, e que a própria verdade seja deixada para Deus!"[13] Relativismo de boa qualidade que invalida de maneira radical o dogmatismo de qualquer que seja a ordem.

Na ordem do dia de nossa época: relativismo, progressividade, mosaico plural, respeito à alteridade.

Ora, acontece que tal relativismo está no centro da atmosfera mental pós-moderna. Ele remete a um politeísmo dos valores que se vê regularmente ressurgir nas histórias humanas. Politeísmo que metaforicamente permite a relativização de uma Verdade única, e que relaciona as múltiplas verdades que constituem a vida corrente. Relativismo que não deixa de afugentar o dogmatismo moderno, que, em suas diversas teorizações ou sensibilidades políticas (direita, esquerda, reformismo, revolucionarismo), permanece obscurecido pelos velhos valores cardinais da modernidade: progressismo, republicanismo, racionalismo, e recusa com intolerância o reconhecimento de valores alternativos: progressividade, mosaico plural, emocional...

Talvez fosse necessário retomar, em boa parte, a antiga questão do relativismo: "A verdade, o que é a verdade?" Isso que chamaria de "síndrome de Pôncio Pilatos" renasce em nossos dias. Com certeza, existem fanatismos de todas as ordens, e a atualidade oferece testemunhos muito inquietantes disso. Mas a tendência de fundo, tão subterrânea quanto potente, é

---

[13] *"Jeder sage, was ihm Wahrheit dünkt, und die Wahrheit selbst sei Gott empfohlen!"* Lessing.

pela tolerância: multiculturalismo, respeito à alteridade, diversidade de todas as ordens, sincretismo religioso e filosófico. A mestiçagem, sob todas as suas formas, está na ordem do dia. E é importante ter em mente que tal mistura cultural é sempre a indicação de uma renovação civilizacional.

O enxame, até mesmo a proliferação, em seu sentido mais simples, são índices de desenvolvimento vital. Suas ações são escondidas, suas consequências manifestas. Talvez seja por isso que, no segredo do pensamento maçônico, à imagem do que se preparava antes de 1789, se elabora a (re)novação da socialidade pós-moderna.

Mas para isso não é necessário esquecer-se da eficácia da memória coletiva. Esta, em suas profundezas eternas, assegura a sobrevivência disso que se poderia chamar de uma "gnose popular". Saber incorporado, instintivo, constitutivo de um "*habitus*" comum, cadinho fecundo no qual se prepara o *viver-junto*. Esta sabedoria ancestral é, estruturalmente, feita de tolerância, de acolhida do outro, continuamente irrigada pela diferença. Isso pode parecer um pouco utópico, mas todas as histórias humanas mostram que, ao longo do tempo, foi assim que se constituíram as diversas civilizações, até mesmo as nações.

É junto a tal tradição que a franco-maçonaria viveu e vive, em suas experiências autênticas, a partir desta tolerância de base; que observa uma neutralidade axiológica perante opiniões, crenças religiosas, convicções políticas, tomadas de posição filosóficas. É assim que ela se contenta em insistir na essencial capacidade de simpatia comum, fundamento mesmo do "*zoon politicon*", "animal político" aristotélico, a compreender no seu sentido simples da vida em comum, ou desta "*affectio societatis*" que é o código genético de qualquer sociedade.

A tolerância: uma neutralidade axiológica perante todas as convicções.

A fraternidade: uma atração pelo outro. A abordagem maçônica é apenas a cristalização de tal estrutura antropológica: a atração pela alteridade. O termo "fraternidade" é prova disto. É verdade que um pouco gasto. Mas sua fonte inesgotável é este instinto que impele a sair de si, a ir em direção ao outro. Isso a partir do que se elaboram as formas de solidariedade orgânica, as modulações da generosidade, outras maneiras de dizer a vida em sociedade. A tolerância é essencialmente este instinto vital que reconhece que é a existência do outro que justifica e confronta a minha.

É preciso, entretanto, reconhecer que esta aceitação da alteridade pode se endurecer ou se inverter no seu contrário. É o que os sociólogos chamam de "heterotelia" (Jules Monnerot) ou, traduzindo o termo, "efeito perverso". Ou seja, alcança-se outro objetivo ("*telos*") que não o que fora fixado.

A luz unilateral torna-se ofuscante. Assim, e aplicado ao propósito que aqui me ocupa, vê-se como a filosofia das Luzes, tornando-se dogmática, alcança uma espécie de obscurantismo. Muito precisamente, na medida em que esqueceu que um conhecimento autêntico, ou seja, inteiro, é proveniente ao mesmo tempo da razão e dos sentidos. Não é um simples paradoxo, mas a "Luz" unilateral se torna ofuscante. Atenuando a sombra, ela castra uma parte da natureza humana. Nossa "baixeza" (Montaigne) estando, sabe-se, enraizada no húmus. E ela perde sua gravidade quando perde suas bases, quando esquece suas raízes. Em suma, o que é um homem sem sombra? O que pode ser uma sociedade sem sombra?

É assim que a tolerância estrutural, a tolerância afirmada historicamente, pode tornar-se intolerante nos fatos. E certa franco-maçonaria pôde sucumbir a ela e sucumbe-lhe regularmente.

Em muitas ocasiões, Jean-Jacques Rousseau faz algumas observações nesse sentido. Como quando ele observa que os "ardentes missionários do ateísmo e autoritários dogmáticos não suportam sem indignação que, qualquer que seja o ponto, se ouse pensar diferente deles". Ou ainda isso que ele nomeia uma "inquisição filosófica mais cautelosa e não menos sanguinária que a outra"[14]. Não se saberia dizer melhor a inversão de polaridade de uma tolerância que produz "esse fanatismo ateu" que sendo apenas o inverso do "fanatismo devoto se tocam por sua intolerância comum"[15].

Inúmeros são os exemplos nesse sentido destacando simplesmente que o que era dinâmico tornou-se esclerosado. Trata-se aí, aliás, da "lei" humana mais comum: o *instituidor* tornando-se *instituído* esquece o que fazia sua inegável originalidade. O gênio próprio da sociedade de pensamento maçônico diz respeito ao que está enraizado no gênio popular, essencialmente tolerante. E é esquecendo tal enraizamento que corre o risco de tornar-se, a seu turno, o mais intolerante possível.

O instituidor dinâmico, tornando-se instituído, se esclerosa.

De maneira um tanto irônica, pode-se comparar a inversão em questão ao que se passou na Igreja católica do começo do século XX? Ela comandou uma severa luta contra o que se chamava de "modernismo", acusado de "imanência vital". Imanência que se opõe à transcendência própria da legítima ortodoxia da teologia institucional[16]. Havia até um "sermão antimodernista"

---

[14] J.-J. Rousseau, *Les rêveries du promeneur solitaire* [Os devaneios do caminhante solitário], Bibliothèque de La Pléiade, 1986, p. 1016 e p. 967.
[15] J.-J. Rousseau, *Les confessions* [As confissões], Parte II, Livro XI.
[16] Ver, por exemplo, a análise de S. Luzzato, *Padre Pio. Miracles et politique à l'âge laïc* [Milagres e política na era laica], Gallimard, 2013, p. 140.

que era necessário para aqueles que aspiravam ao sacerdócio e, naturalmente, ao ensino católico.

Hoje em dia, é instrutivo e um tanto divertido ver como, no domínio das ideias laicas, os "modernos", que se tornaram institucionais, repousam sua ortodoxia nessas formas de transcendência que são, por exemplo, a República, a Democracia, o Contrato Social, a Laicidade. Portanto, eles criticam a pós-modernidade como sendo essencialmente *imanente*. Ou seja, empírica, relativista, preocupada com o aqui e agora, não se projetando em hipotéticos futuros, mas vivendo com intensidade um eterno presente. Resumindo, levando a sério o humanismo em sua totalidade.

Como se terá compreendido, é esta imanência tolerante ao que se dá a viver em sua diversidade, é este politeísmo dos valores vivido no cotidiano, esta curiosidade por todas as energias culturais que constituem a atmosfera mental da época. E é o que se pensa encontrar no segredo das lojas maçônicas. Daí a atração que estas exercem de maneira difusa e que se exprime, em particular, na multiplicidade dos artigos, documentários, investigações mais ou menos sérias que os jornais, programas, revistas especializadas e não especializadas oferecem ao grande público ou aos amadores mais informados.

A atmosfera mental da época está no politeísmo dos valores.

Mas esta curiosidade apaixonada, e isso merece ser destacado, concerne apenas ao que é autêntico. As imitações não têm sucesso! Em toda arte há aqueles que criam verdadeiramente e os que copiam servilmente. Os historiadores mostraram, por exemplo, que em arquitetura, no que se refere ao "branco manto das catedrais" que cobre a Europa, é do século XI ao XIII que a criação atinge seu ápice. Do século XIV ao XVI, não houve mais nenhum

Uma atração pela criação autêntica, pelo espiritual, pelo imaterial.

progresso da técnica, apenas simples decoração superficialmente aplicada[17].

Compreende-se facilmente que o mesmo ocorre com a "arte real", esta arte de viver que encontra a difusa exigência contemporânea, de raízes nietzschianas, "fazer de sua vida uma obra de arte". Esse problema da *ars magna*, oriundo das antigas tradições esotéricas, é mais frequente do que se imagina e ocorre nisso que nomeei essas "energias culturais", permitindo compreender que, apesar ou talvez graças a isso que se convencionou chamar de "Crise", o vitalismo, o desejo de empreender retornam à ordem do dia.

Os construtores pós-modernos são muitos. E tanto o "valor-trabalho" me parece antiquado para canalizar essas energias quanto os arcaicos termos "ofício", "labor", "técnica", modulação do latim *"ars"*, recuperam uma vivacidade que merece atenção. É tal arte de viver que vai restituir à antiga palavra "aprendiz", "aquele que procura", uma atualidade que pode parecer surpreendente, mas que, com ajuda do desenvolvimento tecnológico, vai se difundir em todos os domínios do conhecimento e da vida. Desse modo, "quem procura" acha!

Na sua análise da *Flauta mágica*, de Mozart, Jan Assmann lembra que o "procurador" (*der "Suchender"*) é, antes de mais nada, um "conceito maçônico utilizado para designar o neófito que pleiteia ser admitido na loja e quer se submeter à iniciação". Na remitologização que constitui o ruído de fundo do mundo contemporâneo, podem-se compreender as temáticas próprias do espiritual, do imaterial, da criação, que, no próprio cerne da abordagem iniciática, exercem uma atratividade cuja importância recém se começa a mensurar. Esta atratividade,

---

[17] Cf. J. Gimpel, *Les bâtisseurs des cathédrales* [Os construtores das catedrais], Seuil, 1958, p. 10.

lembremos, repousa numa tolerância, numa polissemia que concede ao ideal um lugar de destaque.

Mesmo que tenhamos nos contentado com uma leitura um tanto militante de Karl Marx, não esqueçamos seu *background* filosófico. E não é simples ironia lembrar a importância que ele dava à força da ideia. Assim: "Concordemos agora com o senhor Proudhon que a história real, segundo a sequência temporal, seja a continuação histórica na qual as ideias, as categorias, os princípios se revelaram. Cada princípio teve seu século no qual se revelou. O princípio de autoridade, por exemplo, teve o século XI, assim como o princípio de individualismo teve o século XVIII. Por consequência, o século pertencendo ao princípio, e não o princípio ao século. Em outras palavras: o princípio faz a história, e não a história o princípio"[18].

O princípio do século faz a história.

Eis o que pode parecer paradoxal sob a pluma de Marx! Mas evidencia bem que é o *princípio*, isso que é o fundamento, que serve de referência, que rege em profundidade uma determinada época. Potência da ideia, força do ideal, é exatamente isso que constitui o ponto nodal da filosofia progressiva da iniciação maçônica!

---

[18] K. Marx, *Misère de La philosophie* [Miséria da filosofia], in *Oeuvres* [Obras], economia, tomo I, Pléiade, 1965.

2 – A vida do espírito

Volatilidade do poder, perenidade da abordagem iniciática.
As instituições políticas são voláteis, no sentido químico do termo. O poder é sempre efêmero. Certamente, a busca pela "batalha final", assim como o canta a *Internacional*, não carece de grandeza. Mas isso deve nos fazer esquecer que a *fossa final* está aí para aqueles que aspiram governar o mundo? Da mesma forma, os regimes políticos se tornam rapidamente caducos. Hegel, de novo ele, consciente da morte simbólica, lembrava que a História se assemelha a um "ossário das realidades".

Por outro lado, há alguma coisa de perene na nebulosa esotérica. E é bem isso que faz dela uma potência atrativa. Ela recorre sempre a raízes tradicionais. E remonta, por consequência, a linha do tempo. Linha de união que une aos antigos tempos míticos, dando assim sólidas bases àquilo que é vivido no cotidiano. A abordagem iniciática, não esqueçamos, permite viver, com intensidade, um presente tributário do passado e cheio de futuro!

A corrente de união.
Encontram-se regularmente, nos mitos e religiões, referências a uma "corrente de ouro" (*catena aurei*) que une o Céu e a Terra, os homens e os deuses. Em Homero, sem dúvida, alusão a esta corda resplandecente encadeando o universo. Depois na tradição cristã, o pseudo-Dionísio, o Areopagita, que atribui à prece esta capacidade de unir em espírito indivíduos separados no tempo e no

espaço. É enfim a "corda de nós", ou "lagos de amor", que decora as paredes dos templos maçônicos, e simboliza a corrente de união em que, dando-se, em círculo, a mão, evidencia-se assim a necessária solidariedade que prepara, organicamente, a reconciliação universal.

É tudo isso que constitui o caminho do conhecimento, aquele do questionamento não dogmático, tolerante, que é a busca última dos franco-maçons; para continuar deixando escapar a metáfora, o fio condutor perene e sólido quando tudo ao redor dele desmorona e, progressivamente, se desagrega. A imagem do fio condutor, tênue mas resistente, serve para nos lembrar que a abordagem iniciática não é feita por qualquer um. Ela é nada menos que democrática e feita apenas por alguns. De certo modo, uma aristocracia do espírito.

Uma abordagem exigente, uma aristocracia do espírito.

Trata-se de um elitismo igualmente atrativo. Com efeito, é gratificante ser reconhecido digno de fazer parte de uma comunidade que garante, ciosamente, que a "porta estreita" continue assim. É o que, de minha parte, analisei em *O tempo das tribos* (1988) e em *Sobre o nomadismo* (1997), em que ressaltava a reatualização das abordagens iniciáticas como vetor de uma sociabilidade fundada em uma verdadeira *"ordo amoris"*.

Esta, para além da reclusão própria ao individualismo moderno, vai devolver ao saber seu aspecto afetante. É isso que de longa tradição denomina-se *"libido sciendi"*.

Ao contrário da triste arrogância dos defensores do dever-ser.

Saber no qual o prazer de ser tem uma parte inegável.

De fato, nisso que se vai ilustrar no "eu penso" cartesiano, há uma atitude intelectual um tanto paranoica, aquela desses cavaleiros da triste figura que são os "sabedores" que, de maneira superior, decidem ou editam o que *deve ser* o mundo ou a sociedade perfeita e os indivíduos que a compõem. Encontra-se aí esta *tristis arrogantia*, "arrogância triste", de efeitos devastadores. Todos os revolucionários são desta natureza. E conhecem-se os campos de reeducação que eles construíram ou justificaram, muitas vezes em compensação de suas próprias misérias existenciais.

Uma consequência desta paranoia é a choradeira generalizada que se encontra, com constância, em todos os discursos militantes que substituem análises filosóficas ou sociológicas. Queixa-se ("*querulans*" em latim) de tudo e em toda parte. Delírio de reivindicação, dizem os psiquiatras, que busca a reparação de um hipotético dano. Delírio largamente difundido nas elites modernas, que tentam esquecer seu mal-estar pessoal projetando-o no mundo inteiro.

A egrégora: a alegria do conhecimento comum.

Completamente diferente é o saber coletivo, que, quebrando a reclusão da fortaleza individual, é atravessado pela alegria, pelo prazer de ser, todas essas coisas próprias do conhecimento iniciático. Este culminando no termo maçônico "egrégora". Trata-se de uma espécie de consciência coletiva, talvez mesmo de um inconsciente coletivo, que eleva o pequeno si, encerrado em suas certezas, a fim de fazê-lo acessar um Si mais vasto, aquele em que interagem as múltiplas energias em ação em cada indivíduo e na comunidade como um todo.

É evidente que tal *egrégora*, causa e efeito de uma sã vitalidade, só pode se desenvolver em um momento em que as tribos, as redes, os *sites* comunitários, os fóruns de discussão e outros blogues conhecem, graças à Internet em particular, o progresso que se sabe. Em oposição ao reivindicativo e às patologias das quais ele é vetor, há globalmente uma espécie de saúde, expressão de prazer de estar no fenômeno "Wiki-", o qual reproduz na pós-modernidade a "noosfera", ou seja, o saber coletivo pré-moderno.

Talvez sem sabê-lo, o pensamento maçônico da *egrégora* recupera tal espírito do tempo pós-moderno. Espírito que não se contenta em sempre dizer não, em criticar aquilo que é em função do que deveria ser, mas se empenha em reconhecer, em simplesmente ver a quantidade de qualidades, seja ela mínima, existentes na vida cotidiana. Isso que com frequência assinalei como sendo uma característica da sabedoria popular: saber, tão bem quanto mal, se conciliar com o mundo. Em resumo, dizer sim à vida. O que é um dos aspectos essenciais da imanência maçônica, outra maneira de dizer seu humanismo.

A egrégora da franco-maçonaria adere ao "Wiki-" da pós-modernidade.

Posso aqui dar um exemplo literário a fim de ilustrar esse propósito? A choradeira em questão no individualismo e até mesmo no solipsismo modernos comporta sempre uma forte dose de maldade. Tal como a epigrama à francesa. Boileau: "Piron não foi nada, nem mesmo acadêmico". Trata-se aqui exatamente de uma maledicência. Não se diz por paroxismo: "língua de víbora"? Sempre há na crítica uma dose, mais ou menos importante, de ressentimento. E isso a partir de uma demonstração, ou seja, de um programa que se busca impor.

Pode-se opor a isso o haicai, no qual o golpe de vista é que é privilegiado. Nele não há uma ideia individual interposta entre o olho e o objeto observado. O haicai se contentando em mostrar, ou mesmo demonstrar. Demonstração em que dominam sempre a simpatia, a curiosidade benévola.

Franco-maçonaria e Oriente mítico.

Faço aqui esta rápida referência para lembrar o papel que desempenha o "Oriente" na sabedoria maçônica. "Oriente mítico" para retomar uma expressão cara a esses mestres que foram

G. Durand e H. Corbin[1]. "Oriente" que tem um lugar privilegiado no templo maçônico, e que simboliza a condensação das energias dos construtores que criam seguindo o ritmo da potência solar. Metáfora interessante quando se conhece a atração dos pensamentos, filosofias, modos de vida orientais em todos os domínios da vida social; há uma inegável "orientalização" do mundo contemporâneo. Atmosfera mental que exerce uma atração importante sobre as novas gerações. E mais uma vez este "Oriente mítico" é parte integrante do tesouro maçônico. Ora, uma especificidade da olhadela simpática característica desta "orientalização" é sua aceitação da mundanidade, que é preciso aqui compreender em seu sentido mais forte: "*amor mundi*". Atitude que aceita e mesmo celebra a ordem das coisas. Uma ordem ao mesmo tempo intangível e em eterno devir. É esta solidez móvel que "mostra" a poesia oriental, e que encontra uma força inegável na sensibilidade ecológica que alcança uma sabedoria "ecosófica".

O amor do mundo: dizer sim a todas as existências.

É alguma coisa desta ordem que se encontra em Chateaubriand: "O mais puro de meus sentimentos neste mundo é a admiração"[2]. Pertinente observação na medida em que sugere que é mais proveitoso ver a beleza do mundo que continuamente criticar os vícios e os defeitos da humanidade. Sentimento de admiração que consiste em dizer sim ao que existe. Dizer sim não simplesmente a si mesmo, mas a todas as existências. Quaisquer que sejam. E, desse modo, se difunde numa *corda* sem fim a intensa vibração disso que se experimentou num determinado instante.

---

[1] Cf. G. Durand, *Science de l'homme et tradition* [Ciência do homem e tradição], Sirae, 1975.
[2] Chateaubriand, *Génie du christianisme* [Gênio do cristianismo], Viarte, 1802, tomo II, p. 136.

Um compartilhamento fraternal do presente.

Assim, no instante, é toda a eternidade que se encontra condensada. Nesse "dizer sim", que se encontra em toda a obra de Nietzsche, em seu *Zaratustra* em particular, há uma maneira, que é certa na abordagem iniciática, de reintegrar o sagrado à vivência cotidiana. E assim escapar à sufocação de uma existência que só tem realidade em referência ao futuro. O *instante eterno* exprime bem o deslizamento de um *progressismo* ideológico em direção a uma *progressividade* pragmática e empiricamente experimentada aqui e agora. Para dizê-lo em termos mais elaborados: não mais uma *representação* do mundo a partir de um sistema preestabelecido, mas uma *apresentação* daquilo que existe a partir de um compartilhamento fraternal.

É nesta busca de uma intensidade de um presente eterno que se encontra o ponto nodal da especificidade das sociedades iniciáticas. E pode-se, desta forma, compreender que, considerando o "presenteísmo" pós-moderno, não é de se admirar a espécie de fascínio que tais sociedades exercem.

Uma conquista coletiva do presente.

Com efeito, quando se procura elucidar onde está a fonte fundadora da sociabilidade maçônica, qual é a raiz de sua perduração, encontra-se esse prazer de ser, ou esse *mais-ser* suscitado por uma conquista do presente levada coletivamente. Trata-se de sua expressão central. Esta, em função das épocas, pode variar e assumir formas diversas. Às vezes até tende a se perder e entrar em decadência nas facilidades políticas do momento. Mas tal "substituição"[3] não diminui em nada sua característica essencial, sua marca de fundo que é a busca constante

---

[3] Cf. J. Baylot, *La voie substituée* [A via substituída], Borp, 1968; ou G. Durand, *Un comte sous l'accacia* [Um conde sob a acácia] in *La sortie du XXe siècle* [A saída do século XX], CNRS éditions, 2010, p. 713.

por uma consciência de si não conformista. É isso que traduz a construção do templo interior.
O que ela tende a privilegiar é exatamente a vida do espírito. Isso que tende a favorecer uma atitude de insubmissão à ordem aparente, a fim de preservar, no longo prazo, a ordem interior.

Isso não deixa de estar em congruência com uma sensibilidade libertária cujas consequências nas sociedades contemporâneas não acabamos de mensurar.

Uma ordem interna insubmissa, um pensamento libertário.

O "*chaos ab ordo*", cuja atualidade não se repetirá jamais o bastante, não é senão a formulação esotérica de muitas situações e fenômenos contemporâneos que, de maneira exotérica, exprimem o desejo de uma *ordem* oriunda da própria interioridade da potência popular. Pode-se, a esse respeito, lembrar que não é anódino observar tudo o que pensadores da anarquia, como Élisée Reclus, devem à franco-maçonaria[4], em especial no que diz respeito a esta ideia de "ordem sem Estado", correlativa àquela de fraternidade, prefiro dizer "irmanação", consubstancial à sua maneira de ser.

A vida do espírito, do espírito livre, se insurge sempre contra a estupidez da *doxa*. Em particular contra a *doxa* intelectual, a pior, porque a mais dissimulada de todas.

Um presente saciado na fonte da tradição.

Seus nomes podem mudar, mas todos os Homais, Badinguer e outros Joseph Prudhomme obedecem como um único homem marchando no passo cadenciado da imbecilidade dominante.

---

[4] Cf. J.-D. Vincent, *Élisée Reclus*, Grassett, 2010; encaminho igualmente a meus livros: *La connaissance ordinaire* [O conhecimento comum], Méridien Klincsieck, 2007, Introdução: "Une pensée libertaire" [Um pensamento libertário], p. 34, e, sobre a noção de "irmanação", *Homo eroticus: comunhões emocionais*, GEN-Forense, 2014.

Há momentos, o nosso certamente, em que esta encontra ajuda da mediocridade midiocrática. E é contra isso que se apresenta a intensidade de um pensamento exigente, aquele de uma sociedade oficiosa que não se reconhece mais nas elites oficiais, e que vai beber, no segredo, em uma fonte que sacia bem mais: a da tradição.

É preciso lembrar que a expressão central de toda a abordagem iniciática se cristaliza em uma saciedade do presente fundada na nostalgia do passado? Isso engendra uma alegria sutil, ou seja, efêmera, intensa, ao mesmo tempo que não se projeta para hipotéticos dias melhores. Intensidade não sem obter delícias sensuais, as delícias infinitas dos sonhos, atingindo o que, simultaneamente, constitui a marca da pré-modernidade e da pós-modernidade, um espiritualismo corporal.

Mais uma vez o *tesouro maçônico* não deixa de estar em sintonia com o espírito do tempo na medida em que, ao contrário desses curiosos sem alma, unicamente preocupados com os furos jornalísticos e diversos pensamentos adventícios e de pouco interesse, incita a busca por alimentos antes revigorantes. É isso o espírito de insubmissão perante a *doxa* corrente: chamar a atenção para a sede do infinito, que sempre atormenta os melhores, e lhes fornecer bebidas fortes a fim de sustentá-los um pouco.

O tesouro maçônico: um espiritualismo corporal, um compartilhamento das emoções.

É isso que está no cerne da contemporânea exigência de intensidade, própria do presenteísmo, e ao mesmo tempo constitui o resíduo, ou seja, o fundamento, o alicerce irrefutável da ardente e viva tradição. É isso mesmo que engendra esses pensamentos dinâmicos ricos de nuvens fecundas: aquelas da *nebulosa* pós-moderna que recuperam o antigo problema da sociabilidade tradicional: saber *viver-junto*. Trocas, discussões, chats, *tweets* reproduzem, em infinitos compartilhamentos, as comunhões emocionais que eram atributo dessas religiões de mistérios antigas, onde, na circulação dos bens, dos afetos e das ideias, de maneira holística, global, o conteúdo (mitos) e o recipiente (comunidade) participam, juntos, da inteireza do ser (individual) e do Ser coletivo.

Lembro aqui uma definição da pós-modernidade: sinergia do arcaico e do desenvolvimento tecnológico. Outra maneira de nomear a dinâmica dialogia existente entre as tribos e a Internet. Outra maneira igualmente de lembrar a importância do imaterial, do espiritual para cada pessoa e para a sociedade em seu conjunto. É isso a ordem simbólica: uma energia comum, impalpável, onírica, aquela da *egrégora* que dá base e solidez a cada marcha da sociedade.

Estamos bem longe do subjetivismo moderno que encontra sua fonte no "eu penso" cartesiano, em todo caso na interpretação que lhe foi dada. Os *tweets*, fóruns, *sites* comunitários, etc. fortalecem, em sua tecnologia de ponta, esta arcaica dependência que me faz existir no e pelo olhar do outro. É o outro que me cria. A alteridade sendo então causa e efeito da pessoa humana. Dependência própria a esta *ordo amoris* de longa linhagem e que retoma força e vigor no momento em que a época moderna (o parêntese) está se fechando. Alusiva mas proficamente, Charles Fourier tinha visto bem em que a franco-maçonaria encontrava suas bases nesta ordem do amor[5].

Existir no e pelo olhar do outro.

Não é mais a evidência do eu que constitui o ponto de partida do conhecimento, mas sim a evidência do Outro, o que, então, permite que se retorne ao sentido etimológico do termo:

---

[5] Cf. Ch. Fourrier, "A maçonaria tinha o meio de estabelecer um culto do amor", citado em J. Baylot, *La voie substituée* [A via substituída], op. cit., p. 100.

"conhecer" é "nascer com" (*"cum nascere"*)! É dizer em que e como o "eu" se maquia em "nós". A loja, nesse sentido, sendo uma modulação da tribo, uma expressão da comunidade. Trata-se de uma manifestação desta estrutura antropológica que é a solidariedade orgânica, aquela das confrarias e do companheirismo próprios da Idade Média. Solidariedade que se encontra, ao longo dos tempos, em todas as sociedades iniciáticas.

A loja: uma forma dessas tribos pós-modernas onde o indivíduo cresce graças aos outros.

É o que evidencia, esquecemos disso um pouco, o caráter carismático do vínculo social. É este *glutinum mundi*, esta "cola do mundo", que garante a convivialidade do *viver-junto*. Nesse sentido, a *egrégora* lembra a "con-fraternidade" de base, a *irmanação* que é a força oculta de toda a existência social. O grande iniciado que foi H. Corbin lembrava que a simpatia entre os seres é aquela da "teopatia"[6]. Esta paixão divina, causa e efeito da transubjetividade ou da intersubjetividade pela qual o indivíduo se supera, talvez fosse melhor dizer *se eleva*, em um Si mais vasto constitutivo da memória coletiva: aquela da tradição imemorial.

Encontram-se aí as energias ocultas das vibrações em comum, das comunhões emocionais contemporâneas. Os contágios afetivos, os sentimentos de pertencimento, os fenômenos de empatia não repousam mais em um *ego* substancial, estável, mas sim em um "nós" em constante devir. O princípio da individualização se invertendo em um *principium relationis*, aquele da religação: ser "religado a outro" (*"religare"*), ser em

A religação em vez do individualismo.

---

[6] H. Corbin, *L'imagination créatrice dans le soufisme de d'Ibn Arabî* [A imaginação criadora no sofismo de Ben Arabi], EntreLacs, 2006, p. 212.

dependência-confiança com o outro ("*reliant*" em inglês). A religação, cuja importância foi mostrada pelo sociólogo Marcel Bolle de Bal, é assim a expressão de um pluralismo coerente em que nos conhecemos no outro, ou seja, na comunidade.

A lei dos irmãos. É tal relacionamento com o outro do grupo e o outro da natureza que pode fazer dizer que a *egrégora* como conhecimento coletivo encontra uma extraordinária atualização na metáfora "Wiki-", à qual será necessário retornar, na medida em que ela induz a uma "lei dos irmãos", que não tem mais nada a ver com a "lei do Pai" moderna, mas que restabelece a ligação com a "lei dos pares" das comunidades tradicionais, e que recupera uma espantosa revivescência nos dias de hoje. Mais uma vez o tópico da época está mudando, tendo em vista que, em todos os domínios, a verticalidade dá lugar a uma horizontalidade de consequências infinitas.

Uma delas é o retorno de um real ampliado contra uma realidade um tanto raquítica: aquela da economia, do político e do social, isso que se resume em um suposto "princípio de realidade", contra tudo isso a abordagem iniciática não é mais que a inclusão dos possíveis, do surreal, do irreal. Ou seja, um real mais vasto moldado por sonhos imemoriais da humanidade. É isso mesmo que designei pela metáfora da "tribo", esse "mais que um" (G. Simondon) que estabelece um constante vaivém entre os diversos elementos de um real pesado do passado e repleto do futuro. Não mais "o único e sua propriedade", bela expressão que resume o individualismo epistemológico moderno, mas sim uma "transposição expropriante" em que cada elemento, cada pessoa é expropriada para este outro que é a comunidade e, desse modo, (re)encontra um excesso de ser.

Pensar tal "real ampliado" não é coisa fácil. Pois sub-repticiamente, e ao longo do tempo, o moderno centrou-se em uma concepção unilateral de uma realidade reduzida à sua dimensão econômica e racional. Conscientes ou não, nos banhamos em uma marxização intelectual que baseia a sociedade em sua "infraestrutura" econômica, a "superestrutura" cultura vindo de acréscimo, tendo uma importância apenas secundária. Jean Baudrillard mostrou bem o aspecto limitado de tal visão de mundo[7], mas é esta concepção que se encontra na obsessão econômica, nas lamentações sobre o desemprego e outras elucubrações sobre o "valor-trabalho", cuja fonte está nesta suma teológica do século XIX que foi o *Capital* de Karl Marx.

Ultrapassar a concepção marxizante de um real reduzido ao econômico.

Eu não retornaria à crítica que se pode fazer a esta redução drástica do real em realidade econômica, senão para lembrar, alusivamente, que a Crise da qual estamos cansados de ouvir falar está, antes de tudo, em nossas cabeças, e que é assumindo uma visão multilateral do mundo que se estará em condição de compreender a mutação civilizacional, que convém chamar de "mudança de paradigma", em curso.

É bem isso que traduz a insubmissão espiritual de que tratamos. "*Os irmãos do espírito livre*" é a expressão que caracterizaria melhor o apocalipse ao qual assistimos. Apocalipse aqui também entendido em seu sentido principal: aquele de revelação de um fato já consumado.

É o espírito que conduz o mundo.

Revelação que se limita a chamar a atenção a esta constatação que não pode ser mais presente em toda cultura digna desse nome, e que Virgílio, com a notável concisão do latim, resumia bem: "*mens agita molem*", "é o espírito que move a matéria". Mas, obviamente, o verdadeiro espírito. Entendo, não

---

[7] J. Baudrillard, *Le miroir de la production* [O espelho da produção], Casterman, 1973.

construções teóricas, sistemas puramente racionais que, progressivamente, se abstraíram da existência comum, mas um espírito que se pode compreender como a cristalização em que interagem a razão, os afetos e os sentidos. Um oximoro pode dar conta disso: a razão sensível.

Coincidência dos opostos que permite compreender a fecundação mútua exercida uns sobre os outros por todos os elementos da natureza humana, e que ultrapassa assim o racionalismo mórbido que alcançou o princípio de corte que foi o *modus operandi* da modernidade. Invertendo uma fórmula de Montesquieu, não é mais o "espírito das leis" que prevalece, mas as "leis do espírito". Naturalmente, desde que se designe, desse modo, a inteireza do ser. Isso que é, vale lembrar, o coração do humanismo maçônico. Ou seja, não um humanismo simplesmente decorativo, mas sim aquele que tira proveito de todas as potencialidades que caracterizam nossa espécie animal.

Um humanismo atento à inteireza do ser.

Em um comentário do livro de Kant, *O que é o Iluminismo?*, M. Foucault lembra que, ao contrário da estreiteza do materialismo, o Iluminismo, ou seja, esta filosofia que fez o brilho do século XVIII, colocava em jogo, essencialmente, as forças do espírito[8]. Expressão em seguida bastante usada e um tanto, como é frequentemente o caso, abusada, mas que exprime melhor qual era a preocupação do pensamento maçônico a partir de sua (re)fundação nesse século de importante agitação intelectual.

Mas, como é frequentemente o caso, o que foi dinâmico tende a se esclerosar, e assim a se tornar dogmático. Talvez

Um retorno às fontes do Iluminismo, uma razão sensível.

---

[8] I. Kant, "Qu'est-ce que les Lumières?" [O que é o Iluminismo]., Berlinische Monatsschrift, 1784, e M. Foucault, *Dits et écrits* [Ditos e escritos], volume IV, p. 180, 1988, Gallimard, 1994, p. 562.

seja isso que advém com essas famosas "Luzes", que têm uma desagradável tendência a tornar-se um tanto piscantes. Precisamente na medida em que elas não sabem mais dar conta da vida em seu desenvolvimento. Vida que integra os afetos, as emoções e as paixões comuns.

As indignações múltiplas, as rebeliões que pontuam a atualidade, as revoltas juvenis, as abstenções políticas e sociais, tudo isso não traduz um mero irracionalismo galopante, mas, ao contrário, o retorno às fontes do Iluminismo: a exigência de uma concepção plural daquilo que é humano, reconhecendo assim que o não racional não é irracional, mas a sua própria razão. Do mesmo modo a não lógica não é ilógica, mas tem uma lógica que lhe é própria: aquela de um raciovitalismo do qual a abordagem iniciática é uma boa explicação.

Mas isso implica que se saiba lutar contra as formas degeneradas dos conformismos intelectuais, pois os pensamentos ultrapassados não fazem mais sucesso, e um humanismo vazio não está mais em sintonia com a sua época. Pode-se aqui lembrar uma justa observação de Charles Porset relativa à maçonaria: "empresa secular que se adaptou a seu tempo"⁹. Bela definição na medida em que salienta a "mundanidade" desta abordagem e seu necessário ajustamento a determinada época. É aliás esse ajustamento que permite compreender a perduração por meio de modalidades particulares desta sociedade de pensamento.

Lutar contra os conformismos intelectuais.

De fato, nada é eterno, e os trabalhos dos antropólogos, como Gilbert Durand, mostram bem que uma "estrutura", ou um arquétipo, só pode ser constante se sabe assumir formas

---

⁹ C. Porset, "Du bon usage du symbolisme" ["Do bom uso do simbolismo], in J.-C. Nehr, *Symbolisme et franco-maçonnerie* [Simbolismo e franco-maçonaria], À l'Orient, 2008, p. 197.

particulares, simplesmente se adaptar às mutações civilizacionais. Trata-se do eterno problema de nossa espécie animal: é preciso saber dizer as palavras pertinentes a seu tempo. Quando uma palavra está gasta, ou seja, não sabe mais designar o que é vivido, torna-se *impertinente*.

Talvez, aliás, seja nesse momento que o simbolismo e seu bom uso se tornam simples "simbolatria", o que é, simplesmente, a veneração excessiva daquilo que está caduco[10]. Nesse momento é preciso voltar aos mitos fundadores e encontrar assim a verdadeira essência de uma abordagem que escapa, às vezes, aos próprios franco-maçons.

Para compreender bem isso, convém alargar o problema. Dizer e redizer que nos períodos de apocalipse, como o que vivemos, período em que uma maneira de ser cessa e outra se "revela", é frequente observar duas atitudes aparentemente opostas, de fato, totalmente complementares. Ora prevalece o conformismo que, sem originalidade, desfia as ideias convencionais, ora, com temor, se endurece num legalismo protetor. Duas facetas de uma mesma realidade: a busca barata de um pensamento *prêt-à-porter* sem envergadura e sem horizonte. Atitudes complementares que, ademais, favorecem o entre-si, e se protegem perante a alteridade.

Expliquei-me em um texto anterior sobre os perigos de tal fechamento e, em seguida, propus um "método", *stricto sensu*, um caminho para sair dele[11]. É preciso lembrar esse problema, pois é em função dessa si-

Um caminho para recuperar a atratividade da franco-maçonaria.

---

[10] Cf. J.-C. Nehr, *Symbolisme et franco-maçonnerie* [Simbolismo e franco-maçonaria], op. cit., p. 8; e G. Durand, *Les mythes fondateurs de la franco-maçonnerie* [Os mitos fundadores da franco-maçonaria], Dervy, 2002.

[11] Cf. M. Maffesoli e H. Strohl, *O conformismo dos intelectuais*, Sulina, 2015; e M. Maffesoli, *A ordem das coisas*, GEN-Forense, 2016.

tuação real e em relação à atmosfera mental que ele difunde que a franco-maçonaria arrisca perder sua alma e, portanto, sua atratividade. Ora, de quem é composta esta sociedade de pensamento senão, justamente, das próprias pessoas que constituem a sociedade em geral? Por exemplo, desses intelectuais aos quais se pode aplicar esta frase de Rohde, amigo de Nietzsche: "Nenhum pântano é mais suscetível de transformar o mais corajoso em sapo pançudo, tranquilo e saudável que aquele da suficiência universitária." Eis o que é bem cruel, mas totalmente lúcido. Poderíamos ilustrá-lo de múltiplas maneiras e dar numerosos exemplos nesse sentido. Basta lembrar que esta "suficiência" é completamente desoladora quando se sabe que são eles que, por função, supostamente irrigam com ideias todo o corpo social. E isso em decorrência desta eterna interação entre "as palavras e as coisas" (M. Foucault).

O mesmo se aplica aos formadores de opinião, midiocracia cuja importância se conhece em nossos dias. Frequentemente não passam de sofistas os quais é inútil escutar ou levar a sério, tanto é verdade, como já observava Chateaubriand em seu tempo, "que eles não buscam jamais de boa-fé a verdade, e são ligados a seu sistema apenas pelo barulho que faz, prontos a trocá-lo amanhã..." quando isso lhes parecerá necessário[12]. Em que esse barulho interessa às pessoas? A questão já nem é mais atual quando se sabe que desprezo se tem por esses conversadores que, mais próximo do sentido do termo, difundem mentiras!

Medíocres, midiocratas.

E um último golpe pelo caminho, com esta anedota sobre a "congressite" que conta A. Gide em *Os*

Competências mais que convicções!

---

[12] Chateaubriand, *Génie du christianisme* [Gênio do Cristianismo], Pourrat, 1937, t. 1, p. 9.

porões do Vaticano: "Por esta época, um importante congresso de sociologia chamava a Roma o conde Julius de Baraglioul. Talvez ele não fosse especialmente convocado (tendo sobre as questões sociais mais convicções que competências), mas se alegrava por esta ocasião de se relacionar com algumas ilustres sumidades".

A nota é divertida e a destaco aqui apenas para lembrar como é frequente, com o propósito de participar, de estabelecer contatos – se diria hoje criar seu *networking* –, balbuciar algumas "convicções", ou seja, ideias convencionais, mais que chegar a um acordo sobre a essência das coisas.

Paremos aqui! A verdade é que não nos reconhecemos mais em tais fanfarrices, e que a liberdade de espírito, que se pode encontrar na ardente exigência das novas gerações, baseia-se em uma real imparcialidade bem mais forte que o humor ou a estreita convicção. Imparcialidade indissociável de uma espécie de insolência ou desenvoltura perante as certezas estabelecidas, e que aprecia a abordagem de uma maçonaria autêntica de sabedoria enraizada fundo na tradição.

Estar à altura da liberdade de espírito das novas gerações.

É quando é fiel à sua *ordo essentialis*, aquela da heterodoxia, do não conformismo, que o pensamento maçônico pode se adaptar a seu tempo. E isso para acompanhar – repito "acompanhar" – sua evolução.

Prestar a atenção naqueles que pretendem fazer o bem pelos outros.

A insubmissão generalizada que o caracteriza não pode admitir a violência daqueles que querem o bem por procuração dos outros. Dominação daqueles que se sentem responsáveis pelos outros, e que podem impor pela força a ordem que ideologicamente elaboraram. Com seu humor irônico, pleno de lucidez, é bem isso que observava Joseph de Maistre: "Acreditais não querer esta lei, mas estejais certos de que a quereis. Se ousais rejeitá-la, vos metralharemos como punição por não quererdes o que quereis. E assim o fizeram."¹³

Sim, "eles" o fizeram muitas vezes aqueles que se consideravam os responsáveis e mestres das pessoas. Do *gulag* aos campos cambojanos, muitos são os exemplos nesse sentido. Mas esta imposição do bem comum pela força, isso que se considera, abstratamente, como sendo bem comum, não é em nada congruente com a sensibilidade libertária que é a especificidade essencial da franco-maçonaria. Repito sensibilidade, pois não é em nada um sistema dogmático.

É esta sensibilidade, porém, que sabe misteriosamente, ou seja, a partir de mitos imemoriais, que a história é uma contínua "palingenesia": uma gênese sempre recomeçada. Reconhecendo, com lucidez, que toda inspiração primeira tende a se esfriar em instituição, que o instituidor se acaba em instituído, que o enamoramento endurece em conjugalidade. E que há, portanto, necessidade de sobressalto. Este não podendo ocorrer senão em harmonia com as forças profundas, primordiais, em curso subterraneamente no devir humano. O simbolismo das provas iniciáticas torna-se assim uma metodologia da reintegração.

Harmonizar-se com as forças primordiais.

É isso mesmo que observa o irmão Joseph de Maistre (*"Josephus a floribus"*) em suas discussões com J.-B. Willermoz: "Quando Deus apaga, é porque se apronta para escrever", ou ainda: "Deus carrega sempre a borracha e o lápis"!

Eis mais uma pepita do *tesouro maçônico*. Não é um simples clube (mesmo que este aspecto não tenha nada de infamante), mas uma imemorial ordem iniciática, ou seja, uma irmandade

---

¹³ J. de Maistre, *Considérations sur la France* [Considerações sobre a França], op. cit., p. 217.

A franco-maçonaria: uma ordem iniciática imemorial empenhada em decifrar o presente. que, na fraternidade, se dedica a decifrar a "cifra" do mundo em que se vive, *hic et nunc*. Procurar, em seu sentido esotérico, com as consequências exotéricas que isso não deixa de ter, qual é essa "cifra". Abordagem que é feita de um misto de paixões e razões, isso mesmo que chamei de "razão sensível", que, de maneira plural, ou seja, oposta a todos os totalitarismos, todos os fanatismos, todos os dogmatismos, inventa: faz surgir um *viver-junto* predominantemente fraternal.

Trata-se de um princípio gerador, aquele da tolerância que não é própria à facilidade que se diz, mas que, contra a violência das ideias convencionais, dá prova de audácia e coragem. Contudo, esse relativismo necessita também de um pensamento meditador oposto ao simples pensamento calculador que, *por si*, é chamado a se difundir. Daí a urgência, percebida por alguns, de voltar a tal sabedoria. À sua maneira, M. Heidegger insistira sobre isso: "A indigência de pensamento é uma hóspede inquietante que se insinua por toda parte no mundo"[14]. Muitos são aqueles que recusam tal estado de coisas e se (re)voltam à abordagem iniciática para exprimir essa rejeição.

---

[14] M. Heidegger, "Sérénité" [Serenidade], in *Question III* [Questão III], Gallimard, 1966, p. 163; ver também G. Simmel, *Mélange de philosophie relativiste* [Coletânea de filosofia relativista], F. Alcan, 1912.

3 – A "pansofia" iniciática

Há uma serenidade incontestável na recusa de um mundo simplesmente quantitativo. Recusa multiforme que as sociedades iniciáticas têm a obrigação de acompanhar. Recusa serena, pois, em certos momentos, nada pode impedir que se exprima a força das coisas! O relativismo que é sua manifestação mais evidente concorda sobre a importância de pensar, mas igualmente de fazê-lo de modo independente. Daí o retorno das mestiçagens, sincretismos, multiculturalismos que, nas histórias humanas, são causa e efeito das mutações civilizacionais. É bem isso que faz da heterodoxia e de sua auxiliar, a tolerância, divindades associadas que se celebram, com constância, de diversas maneiras. Nesse sentido, o *mosaico* maçônico ilustra bem o "politeísmo dos valores" do qual Max Weber mostrou a surpreendente vitalidade.

O mosaico franco-maçom.

É coisa difícil de admitir para um espírito moderno moldado pelo princípio de corte, aquele de uma lógica disjuntiva onde existe apenas alternativa: "ou bem... ou bem...". Mas há momentos em que é o que prevalece. É isso que a sabedoria antiga nomeava "*coincidentia oppositorum*". Esta conjunção dos opostos levando a uma harmonia conflituosa em ação na arte em geral: arquitetura, música, literatura..., mas igualmente na estruturação social.

De uma lógica disjuntiva ("ou... ou...") a uma lógica conjuntiva ("e... e...").

Tal lógica da conjunção está no cerne da sabedoria tradicional, aquela da pré-modernidade. Ela encontra força e vigor no âmago da pós-modernidade. O *tesouro maçônico* tem então a sua guarda!

Claramente, a tolerância se situa em oposição a todo dogmatismo. Portanto, amigo leitor, pensarás o que quiseres. Contudo, não se observa empiricamente o retorno de um princípio vital? Vitalidade, vitalismo, energia multiforme, é isso que impressiona nesses períodos de suposta crise econômica. É isso que constitui a atmosfera mental da época.

Princípio vital? Ou seja, não é um aspecto do real que é privilegiado: a natureza ou a cultura, o corpo ou o espírito, o material ou o espiritual e outra dicotomia do gênero. Não, a ênfase é posta na inteireza do ser, pessoal e coletivo. Trata-se, para lembrar uma bela formulação da tradição maçônica, de "reunir o que está disperso". Eis em que o "centro de união" antigo entra em correspondência com a reversibilidade, a interação e diversos *"feedbacks"* que constituem o essencial da vida cotidiana pós-moderna.

"Reunir o que está disperso": amor pela vida.

Por um processo de compensação do qual a psicologia das profundezas, aquela de C.G. Jung, mostrou a pertinência, à saturação do racionalismo moderno sucede a consideração de uma *razão sensível*, aquela da conjunção do corpo e do espírito. A união do bom senso e da razão torna-se, portanto, vetor de um mais-ser evidente. É certamente isso que está na origem da atração exercida pelas sociedades iniciáticas: a necessidade de uma coisa mais profunda que o simples materialismo que foi a marca da modernidade. A prioridade dada ao "preço das coisas sem preço". A conjunção do material e do espiritual como expressão do desejo de uma vida mais *luxuosa*!

A atratividade contemporânea das sociedades iniciáticas.

Tudo isso se cristalizando no que chamarei de "necessidade de piedade", a compreender não no sentido estreito do termo, mas sim como a manifestação desta "religião secular" em questão, essa pela qual se pôde caracterizar a franco-maçonaria (C. Porset), e que traduz simplesmente uma imanentização da transcendência. Uma encarnação do sagrado. Outra maneira de lembrar o que é uma especificidade de nossa espécie animal, e isso em relação a outras espécies: são os movimentos da alma que criam o mundo exterior. É nomeando que existimos.

Uma religião secular, uma encarnação do sagrado.

Tal princípio vital (o vitalismo de F. Nietzsche, G. Simmel, H. Bergson) sendo pensado, no âmbito de um compartilhamento fraternal, apenas por alguns, mas tendo enraizado no espírito que o raro ganha sempre amplitude, se dispersa. Por si, o bem se difunde. Assim os valores daquele que L.-C. de Saint-Martin chamava "o homem do desejo", pouco a pouco, contaminam o conjunto da sociedade e os membros que a compõem. É nesse sentido que esse *Homo aeconomicus* deixa o lugar para um *Homo eroticus*, para o qual as paixões, emoções e afetos diversos entram em interação com uma razão que não é mais simplesmente soberana, mas elemento de uma pluralidade de outro modo mais dinâmica.

É tal holismo que convém pensar. Religião secular, politeísta, onde todos os elementos do dado mundano se interpelam para constituir uma sinfonia ao mesmo tempo trágica e agradável. O objeto da religião, essa religação essencial, não é mais externo. Ou seja, Deus não é mais aquele que Lautréamont chamava de o "Grande Objeto Exterior", poderoso e solitário, aquele do qual se teme a fúria e se espera a proteção. Não é mais a modalidade profana que foi o Estado-Providência, não menos exterior, não

Politeísmo, relacionismo.

menos temido. Mas é mais o "Grande Ser", tal como fala Augusto Comte, cuja característica é o *relacionismo*. Posto em relação, *trajetividade* sem fim que induz outra relação com o saber. Este último não é mais abstrato, não vem mais do alto, mas é oriundo de uma estreita ligação do relacional e do experimental. A ciência do homem sendo, portanto, uma "lenta indução gradual coletiva"[1]. A ciência do homem, aquela da tradição, é um saber coletivo, próximo da "noosfera" da qual fala Teilhard de Chardin, e da qual se encontra uma modulação nos *sites* comunitários, Twitter e diversos fóruns de discussão na Internet.

O relacionismo do Grande Ser é ao mesmo tempo a *egrégora* pré-moderna e o fenômeno "Wiki-" pós-moderno.

Eis o que é o obstáculo para o racionalismo que não pensa o mundo senão a partir do subjetivismo, o fechamento no "ego" moderno. Eis o que é a base da sociabilidade pós-moderna, o que assegura a irmandade do *viver-junto* a partir e graças a um saber orgânico, ou seja, ligado à experiência coletiva. Pode-se chamar isso de "ecosofia": sabedoria da casa comum; "pansofia": conhecimento que une o diverso ou conhecimento transversal.

Um saber compartilhado, uma sabedoria da casa comum.

O que quer dizer, de outro modo, compreender e se compreender em relação e em função do exterior? Isso que esses discípulos de G. Bachelard que foram Gilbert Durand e François Dagognet nomeiam, respectivamente, "pluralismo coerente" e "exologia". É a alteridade, ou seja, a diferença, que me enrique-

É a alteridade que me enriquece.

---

[1] A. Comte, *Discours sur l'esprit positif* [Discurso sobre o espírito positivo], Vrin, 1974, p. 26.

ce. Mais uma vez a figura do mosaico como coesão do diverso é particularmente instrutiva.

O humanismo real (e não simplesmente encantatório) se elabora a partir de um conhecimento coletivo. De um lado, aquele da tradição: a sedimentação dos usos e costumes, a memória imemorial. De outro, aquele da experiência da vida corrente. O todo que se difunde na Internet, que favorece ao mesmo tempo a *egrégora* tradicional e a aprendizagem da qual se conhece a ação cardinal para a sabedoria iniciática. Em cada um desses casos, além do princípio de corte, elemento central da modernidade, o que é implementado é uma religação, um relacionismo ou outra maneira de reunir o que está disperso.

Uma leitura da vida corrente à luz da tradição.

Reconciliar coração e razão.

Augusto Comte, cujas análises, até mesmo as visões, são em muitos aspectos premonitórias, em sua *Teoria geral das religiões*, sugere reconciliar a razão com o coração: "O espírito deve sempre ser o ministro do coração e jamais seu escravo"[2]. Desse modo, está bem indicado o que está em jogo na ordem existencial da aprendizagem iniciática, ou seja, o que é vivido graças à comunidade fraternal, a saber, um conjunto de relações existentes entre o *microcosmo* (pessoa) e o *macrocosmo* (comunidade) por meio do *mesocosmo*: esse meio que é a loja maçônica, outro modo de dizer *egrégora*.

A decadência do progressismo da modernidade.

Tornando-se intérprete de uma sabedoria antiga, esse sutil conhecedor da coisa maçônica que é Joseph de Maistre lembra que "o animal recebeu apenas

---

[2] A. Comte, *Théorie générale des réligions* [Teoria geral das religiões], Mille et une nuits, 2005, p. 31.

uma alma, a nós foram dados a alma e o espírito"[3]. Complementaridade plena de interesse, na medida em que sugere que insistindo no "espírito" para esquecer, no animal humano, a parte animal, alcançou-se uma "desanimação". E é restituindo a seu lugar a alma animal que se pode chegar a uma (re)animação do indivíduo e, mais geralmente, do *viver-junto*. Como se vê, tal método holístico, comum à abordagem iniciática e às práticas do New Age contemporâneo, é isso mesmo que torna a franco-maçonaria atrativa para as novas gerações, que, sem se preocupar com disputas de vaidades ou entre obediências, aderem a essas sociedades de pensamento com a única preocupação de um espiritual encarnado.

Mas isso o filistino ou o racionalista (dá no mesmo) não é capaz de vê-lo. Tão preocupado que está em salvar um mundo em perdição, contentando-se em "contar". O mundo moderno, em sua essência *quantitativa*, está em agonia. E é o *qualitativo* que, em segredo, está emergindo. E é esse impulso secreto que é o verdadeiro estimulante do imaginário em gestação.

A sabedoria perene permite tomar consciência do embrutecimento que se exacerba quando uma civilização está em vias de terminar. Nesse sentido, salienta a decadência acelerada, até mesmo a podridão do progressismo moderno. E estimula aqueles que estão desiludidos com as loucuras de seu prometeísmo devastador.

E como isso, senão suscitando homens inspirados que, em uma fraternidade poética, reaprendem a viver pensando com justeza? Vivemos como pensamos. Este é o resumo da abordagem iniciática proposta pelas sociedades de

Vivemos como pensamos: a potência do qualitativo.

---

[3] J. de Maistre, "Éclaircissement sur les sacrifices" ["Esclarecimento sobre os sacrifícios"] in *Soirées de St. Petersbourg* [Noites de São Petersburgo], Pélagaud, 1850, t. II, p. 324.

pensamento maçônico. Em todo caso tal é o seu ideal. Certamente, este não é sempre mantido. Tanto é verdade que a tentação de intervenção política ou social está sempre presente; e todas as instituições humanas, em todo caso seus dirigentes, tendem a confundir a *potência*, que é perduração, com o *poder*, por construção, efêmero.

Pois isso a que estão atentos os insubmissos contemporâneos, esses que se rebelam ou se indignam, esses que, resumindo, resistem perante a sociedade oficial, é exatamente a força do imaterial, a potência do qualitativo, que reconhecem como sendo o poder espiritual de todo o *viver-junto* digno desse nome. Certamente, trata-se de um sentimento difuso, mas assegura os fundamentos profundos do imaginário do momento.

Não é a primeira vez que a contemplação ultrapassa a ação. Mas, por mais paradoxal que possa parecer, é a consequência de um verdadeiro pensamento *realista* que se liga, instintivamente, ao que é a própria raiz da "coisa" ("*res*") humana, ao seu princípio essencial. Recomeça-se a considerar que a alma é, sim, o centro da vida. J. de Maistre não hesita a fabricar uma palavra[4], "coisidade"[5], para designar, suponho, a coisa em sua própria eficácia.

Mas se levamos a sério a complementaridade da alma e do espírito (não é isso o bom senso e a reta razão humana reunidos?), convém encontrar um *modus operandi* para dar conta disso. Assim, ao contrário do cientismo rígido que prevaleceu, com eficácia, durante toda a modernidade, convém implementar um método que

A abordagem analógica ou a complementaridade alma/espírito.

---
[4] No original, *réité*, derivada do latim *res, rei* (coisa, matéria). (NT)
[5] J. de Maistre, "Éclaircissement sur les sacrifices" ["Esclarecimento sobre os sacrifícios"], *ibid.*, p. 323.

seja pertinente ao pensamento holístico, que de novo está na ordem do dia. Um método feito de deslocamento, de perspectivação, enfim, que procede por analogia.

Esta era, relembro, o apanágio da sabedoria ancestral. Podia-se, igualmente, tolerá-la em literatura ou em poesia. Assim, no auge do cientismo, lembremos que Nietzsche foi criticado, pelos filósofos autorizados do mundo universitário, porque ousava implantar esta técnica do deslocamento escrevendo o seu *Nascimento da tragédia*. Reconhecemos que se esqueceram os argumentos e até os nomes de seus detratores enquanto a obra do filósofo continua a irrigar, com a potência que se sabe, o pensamento de nossos contemporâneos. A abordagem analógica do rebelde universitário de então está em perfeita congruência com a dissidência pós-moderna.

O vigor da abordagem analógica no século XIII. O pensamento medieval, em seu momento dinâmico, o apogeu que foi esse esplêndido século XIII, é igualmente do tipo analógico. O simbolismo ocupa nele um lugar de destaque. E a razão, longe de ser combatida, sendo relativizada, é completada por todas as capacidades do espírito e da alma humana. Assim como observa São Tomás de Aquino: "A esses dogmas de fé que só se tornariam perceptíveis na visão do próprio Deus, a razão humana encontra acesso por analogias..."[6]

Humildade maravilhosa como aquela que reconhece que tudo é bom para acessar a compreensão daquilo que considera ser o bem supremo! Há um procedimento análogo que se encontra no relacionismo maçônico, onde todos os elemen-

---

[6] Saint Thomas d'Aquin, *Somme contre les gentils* [Suma contra os gentios], livro 1, cap. 5 e 8, cit. in M. D. Chenu, *Saint Thomas d'Aquin et la théologie* [São Tomás de Aquino e a teologia], Seuil, 1957, p. 47.

tos do dado mundano supostamente entram em correspondência.

Assim o bestiário que, à imagem dos "blocos de pedra" que são as catedrais medievais, reafirma as qualidades essenciais de toda vida individual e coletiva: sabedoria, força, beleza. Mas igualmente os motivos arquiteturais, colunas, triângulo, esquadro, nível, etc., essas coisas que lembram esta constante construção do templo que é toda existência vivida com intensidade. O "tudo é símbolo" da abordagem iniciática lembra que, ao lado da razão, e sem negá-la, é preciso saber integrar as pulsões tenebrosas que animam a todos e constituem assim o claro-escuro da nossa natureza humana.

A força dos símbolos.

Expressão de um humanismo revigorante como esta sabedoria que sabe integrar e ritualizar, portanto tornar "passáveis", os diversos elementos que constituem nossa espécie. É tal holismo que simbolizam o branco e o preto do mosaico que se encontra no centro dos templos maçônicos e que lembram a remota *coincidentia oppositorum*. Tal harmonia conflituosa, outra maneira de dizer e viver a tolerância moral e o relativismo epistemológico, é certamente a característica do espírito do tempo pós-moderno. E isso em detrimento dos dogmáticos ou fanáticos de todos os tipos.

Integrar ritualizando todos os aspectos do mundo.

Tolerância e relativismo não têm *boa reputação*! Mas, *stricto sensu*, esta é própria das igrejinhas, cujo fechamento é característica essencial. Porém o entre-si não é mais conveniente. E não é surpreendente que a comunicação social esteja em decrepitude absoluta, e não interesse mais muito às forças vivas e dinâmicas de nossas sociedades. E isso por uma razão principal: não há mais necessidade de mídias centralizadas e dominantes. Tanto é verdade que o vínculo social é cada vez mais imediato.

A religação, um vínculo imediato mais que o reino das midiocracias.

A rejeição das *mediações* anda junto com a ênfase dada à religação própria à Internet e *sites* comunitários dos quais é causa e efeito. Desse ponto de vista, a analogia permite ligar o que parece separado. Assim o "reunir o que está disperso" próprio da sabedoria maçônica alcança a unidade da matéria que é o fio condutor da ciência de ponta contemporânea, e do qual se encontram muitas alusões em múltiplas buscas de caráter esotérico[7]. A correspondência poética, a harmonia alquímica e a *affectio societatis*, que é o fundamento da vida em sociedade, tudo isso se encontra ao mesmo tempo no tesouro maçônico, na experiência cotidiana e na ciência mais avançada.

É preciso lembrar que este método holístico é a marca dos grandes momentos culturais. A reversibilidade, a interação permanente, é o índice seguro de uma proliferação cultural das mais fecundas. As sociedades receosas funcionam pelo princípio do corte, que se torna rapidamente mortífero. É exatamente isso que caracterizou o racionalismo moderno, permitiu o desenvolvimento tecnológico do qual se podem ver, hoje em dia, os efeitos devastadores. Por outro lado, a ênfase em uma ciência do homem que reúne as partes, que não divide mais a realidade em fatias, mas que, ao contrário, baseia-se na conjunção disso que se considerava separado, é a promessa de *progressividade* equilibrada, respeitosa do dado natural, e particularmente dinâmica em todos os domínios.

Exprimir as relações existentes entre os elementos da vida social e natural.

---

[7] Ver, a título de exemplo, as páginas sobre Stanislas de Guaita de M. Barrès, *Amori et doloris acrum*, Felix Juven, 1903, p. 140; sobre analogia, ver meu livro: M. Maffesoli, *O conhecimento comum*, Sulina, 2010 cap. V: "O procedimento analógico", p. 131 sq.

Esta *filosofia progressiva* não é mais característica de indivíduos isolados, mas, como diz J.-K. Huysmans, de maneira poética, de uma "coalizão de cérebros, de uma fonte de almas". Mostra assim como os *Responsórios das trevas*, de Victoria[8], se harmonizam com essa obra-prima que é *O sepultamento do Cristo*, de Quentin Metsys. Poderíamos observar muitas outras correspondências entre a *Regina Coeli*, de De Lassus[9], e o estilo cândido e barroco de Brueghel[10].

Instrutivo ver em que o romance prefigura a análise do historiador Panofsky, que mostra o estreito parentesco existente entre a arquitetura gótica e as *Sumas teológicas*, de São Boaventura ou de Alberto, o Grande. A noção de *"habitus"* de São Tomás de Aquino, noção utilizada, com pouca seriedade, por alguns sociólogos contemporâneos, tenta exprimir a estreita relação existente entre todos os elementos da vida social e natural. Isso que está no coração da sabedoria maçônica e de sua atratividade contemporânea.

Mas as diversas instituições maçônicas saberão estar à altura? Saberão responder às expectativas da ardente exigência de espiritualidade que se exprime cada vez mais e de todas as partes? *Responder à ardente exigência de vida espiritual das novas gerações.* Nada é menos certo. Tanto é verdade que, segundo uma lei comum à nossa espécie, a maioria dos homens em posição de responsabilidade, aqueles que têm uma função política, aqueles que exercem a gestão das organizações, não querem que se tire deles as faixas que obstruem seus olhos, pois estas os protegem

---

[8] Tomás Luis de Victoria (1548 - 1611), compositor sacro espanhol. (NT)
[9] Orlande de Lassus, compositor franco-flamengo de música renascentista. (NT)
[10] Cf. J.-K. Huysmans, En route [No caminho], Plon, 1919, p. 12. Ver também V. Panovsky, *Architecture gothique et pensée escolastique* [Arquitetura gótica e pensamento escolástico], Minuit, 1967.

de um perigo que temem mais que tudo: ver a decadência das instituições das quais são responsáveis.

Formas institucionais declinantes. Eles não querem ver, ou temem saber que, para evitar a decomposição, basta se enraizar na tradição, e que é sendo enxertada no elemento que a constitui, comerciar com as coisas eternas, que a sabedoria maçônica estará, paradoxalmente, em sintonia com seu tempo. De fato, retornar às origens, dar um passo atrás, é isso mesmo que favorecerá a reflexão interior. Reflexão que permite a todos ir ao mais fundo de si mesmos. É bem isso que constitui a cultura própria da abordagem iniciática.

Mas se posso fazer aqui um pequeno excurso sociológico, convém diferenciar cultura de civilização. Tanto mais que, na insensatez ambiente, na confusão semântica que caracteriza a época, toma-se uma pela outra. Não é o caso. Com efeito, a cultura é o fundamental. É o que assegura as bases dos povos. Ela vem da lenta sedimentação das eras. No começo do *Nascimento da tragédia*, Nietzsche fala das "figuras incisivas" que, ao longo do tempo, formam uma verdadeira cultura[11]. Isso que se pode compreender como incisões no corpo social. Tatuagens que fazem a sua especificidade. Isso que a torna singular. Isso que faz a sua originalidade.

Por outro lado, é a civilização que, muitas vezes, se contenta em liquidar, até mesmo desperdiçar as riquezas acumuladas. Nesse sentido, a civilização sufoca ou degenera a cultura fundadora. Quando se colocam em perspectiva as histórias humanas, é comum constatar a lenta degradação da cultura em civilização, e isso até que surja uma renovação cultural. O adágio de

---

[11] F. Nietzsche, *Naissance de la tragédie* [Nascimento da tragédia], Pléiade, 2000, p. 3.

Anaximandro de Mileto¹² é eterno: "Gênese e declínio, declínio e gênese"!

Recuperar o princípio gerador, a cultura instituidora.

Como se terá compreendido, em suas formas institucionais, a franco-maçonaria é decadente. Porém, para responder ao desafio lançado pelo espírito do tempo, ela deve recuperar seu princípio gerador. Pois, estejamos atentos, as gerações que chegam não são mais obscurecidas pelo "valor-trabalho", que cheira a seu século XIX. Elas não têm mais vontade de perder sua vida ganhando-a. Seus nervos hiperestesiados esperam outra coisa: viver para a realização de seus sonhos!

Ora, acontece justamente que o onírico, o lúdico coletivos são uma parte essencial dos rituais maçônicos. Eles constituem, de um lado a outro, seu imaginário próprio. O caráter plenamente terrestre encarnado na abordagem iniciática que consiste em saber "dizer sim" à criação. Eis o tesouro maçônico fundamental, sua cultura. O que não é negligenciável quando o que é importante é a hora presente! O *carpe diem* é isso mesmo que, sob nomes diversos, exprime melhor o humanismo integral, seu imanentismo fundamental.

Recuperar a progressividade mais que o progressismo ultrapassado.

Continuando, por facilidade, ou por isso que se chama "gravidade sociológica", a se basear no progressismo que foi a especialidade do século XIX, as instituições maçônicas se esquecem daquilo que é a sua especificidade, a *progressividade*. Ou seja, pensar o dinamismo humano a partir de suas raízes, outra maneira de dizer a potência da imemorial tradição.

---

[12] Anaximandro (546 a.C.- 610 a.C.), geógrafo, matemático, astrônomo, político e filósofo pré-socrático. (NT)

A criação, a "bela obra", mais que o "valor-trabalho".

Assim, para pegar um exemplo entre mil, em oposição ao "valor-trabalho", causa e efeito do mito progressista moderno, a valorização da *criação* exprime melhor o dinamismo da iniciação. Uma observação de Proudhon, que foi o franco-maçom que se sabe, ilustra bem isso: "Vive-se daquilo que se é e daquilo que se cria"[13]. Outra maneira de estabelecer um vínculo fecundo, interativo, entre a autenticidade, o qualitativo, o espiritual e a criação. O que está em jogo nesta reversibilidade entre a vida e a criação é justamente um ideal humanista decisivo: não mais um pedaço, a razão ou os sentidos, mas a inteireza do ser obtida pela implantação de uma *razão sensível*.

Assim a "glorificação do trabalho ou pelo trabalho" é uma modulação moderna, oitocentista, de uma tradição mais antiga, aquela do *opus*, a obra, a bela obra, ou ainda tudo o que diz respeito ao labor. Sem dúvida, há neste último aspectos difíceis, até mesmo fastidiosos, mas integrando nisto todos os aspectos da natureza humana, inclusive os afetos, esses termos são uma bela expressão da inteireza a que se fez referência.

Inspirar-se na tradição dos companheiros, na grande obra alquímica.

Os Companheiros do Dever, a partir da Idade Média, deviam se iniciar no saber, na competência de seu ofício, o que só se podia fazer graças a uma ética específica. Aqui de novo encontramos o papel do imaterial que fortalece o material. O problema da excelência sendo consequência de tal *coincidentia oppositorum*. Conjunção dos opostos que levam à famosa obra-prima graças à qual se podia integrar a comunidade dos companheirismos.

---

[13] Cf. Proudhon, *Idée générale sur la révolution au XIXᵉ siècle* [Ideia geral sobre a revolução no século XIX], Garnier Frères, 1851.

Ainda que alusivamente, é preciso fazer menção à "grande obra" da tradição alquímica, que é, ela também, a resultante de uma verdadeira transmutação que transforma o vil metal em ouro puro. Bela imagem simbólica, se houver, que mostra bem que o *opus* não é assim senão quando integra o esforço e o prazer, a competência e a apetência, todas essas coisas que exprimem bem a complexidade do labor humano. Mas essas antigas maneiras de nomear a atividade do homem em seu ambiente são mais ricas, em todo caso mais inteiras, na medida em que mostram que a criação é, segundo o adágio antigo: "*amori et dolori sacrum*", a "consagração do amor e da dor".

Fazer da vida uma obra de arte é, portanto, uma constante antropológica, aquela das sabedorias antigas, que se encontra nas preocupações populares pós-modernas.

Levar em conta o esforço e o prazer, o labor e a criação: a harmonia dos contrários.

Trata-se então de um elemento de importância do inconsciente coletivo, que é – o que não é surpreendente em nada – um dos fundamentos da abordagem iniciática.

Se se traduz isso em termos lógicos, o que não é negligenciável se se quer mostrar a pertinência do "método", o caminho, maçônico, isso quer dizer que o princípio da não contradição (A [vs] – A) característico da lógica moderna deve ser completado por uma lógica dita "contraditorial". Ou seja, para continuar no exemplo escolhido, que a obra é ao mesmo tempo isto e aquilo: esforço e prazer, etc.

Lógica "contraditorial" – ou seja, em que o contrário não é ultrapassado – que, em síntese, retomando uma velha ideia pitagórica, salienta que o universo é simplesmente a harmonia dos contrários. Isso que traduzi pelo oximoro: harmonia conflitual. Encontra-se aqui o problema primordial do enriquecimento pela diferença, o que é o fundamento, indiquei, da tolerância e do relativismo. Coisas próprias da heterodoxia maçônica.

Assim, em oposição a um universalismo puramente racional, oriundo da filosofia das Luzes, a universalidade desta conjunção dos opostos é bem mais humana, e não surpreende que o "piso-mosaico" dos templos maçônicos a dê como símbolo de um "*unus mundus*", primeiro grau do rito escocês, que retoma a forma de Plotino nos termos da qual "todo é um, e [que] não saberia existir fora do todo: um é todo".

Universalidade dos contrários mais que universalismo.

Nesse sentido o novo espírito antropológico renova, na cadeia das eras, com esta concepção holística que, de maneira mais ou menos secreta, perdura na abordagem iniciática. Isso marca o fim de uma modernidade extenuada cuja lenta agonia se acaba sob nossos olhos. Não é, portanto, de admirar que, de todas as partes, se veja surgir um incontestável apetite por um saber tradicional que, além ou aquém da midiatização, a qual não pode ser mais conformista, apela a um conhecimento do homem ao mesmo tempo plural, não dogmático e que se renova sempre e de novo.

Renovar com a tradição para terminar com uma modernidade extenuada.

Esta "figura tradicional do homem"[14], cuja atualidade se enraíza no não atual, foi preservada na filosofia progressiva. Ela é, cada vez mais, reivindicada por esses espíritos exigentes que sabem discernir, além da finitude das civilizações, a perduração

---

[14] Cf. Durand, *Science de l'homme et tradition* [Ciência do homem e tradição], Tête de Feuille, 1975, cap. "*Homo latomus*"; sobre o "contraditorial": *Les structures anthropologiques de l'imaginaire* [As estruturas antropológicas do imaginário], P.U.F, 1960, Anexo I: "De l'utilisation en archétypologie de la terminologie de S. Lupasco" ["Da utilização em arquetipologia da terminologia de S. Lupasco"].

da cultura fundamental. Aquela de um humanismo que enraíza o humano neste terreno fecundo que é o húmus. E por essa imanência que lembra que o que é, foi e será.

III
A tradição ou a cadeia do tempo

Todos os nossos atos são apenas as sombras dos destinos eternos, e contra suas paradas toda resistência é vã.

S. Zweig

1 – A sabedoria encarnada

O fim do mito do progresso. Em meio à antologia de frases feitas que traduzem a falta de pensamento, há uma particularmente divertida. Trata-se desta declaração tão peremptória quanto vazia de sentido: "Eu/nós/homem(ns)/mulher(es) de progresso". Idem com o qualitativo "progressista", que seria a marca intangível de uma pessoa de qualidade. Em resumo, se não se é progressista, retorna-se ao nada de um obscurantismo ultrapassado. São tantas encantações que não querem dizer grande coisa, mas que se "cantam" (não é isso a encantação?) para tentar se convencer de seu conteúdo.

Todavia, conteúdo é justamente o que não há. Pois o que foi a característica de uma determinada época não é necessariamente pertinente quando esta se acaba ou está em vias de acabar. E continuar a repetir essas ladainhas é a facilidade das inteligências obtusas e curtas, que se satisfazem com certezas um tanto obsoletas. Bem diferente é o elã vital que se exprime na multiplicidade das efervescências contemporâneas e que necessita que se saiba pensar, além de uma ideologia já morta, o "progressismo", isso que um Pascal chama de "viver para a eternidade"!

Uma filosofia progressiva para nosso tempo. Trata-se da filosofia *progressiva*. Isso que nos incita a não misturar maçônico e burguesismo. Aquele, tendo raízes profundas, é perene, este, ligado a um determinado tempo, é efêmero. Sua caducidade sendo agora particularmente evidente. Portanto, nos é necessário aprofundar, por meio da cadeia do tempo, os aspectos mais radicais desse *Homo latomus* intangível, que recupera uma atualidade incontornável nesta época pós-moderna.

Para tanto, é preciso aceitar abandonar a rotina do conformismo retórico e tolo ao mesmo tempo. Esclarecido pela chama da tradição, aquele que sabe pensar tem, em um mesmo elã, consciência e entranhas. De minha parte, é assim que sempre compreendi a feliz conjunção estabelecida por espíritos tão diferentes, mas não menos agudos, como Descartes e Joseph de Maistre entre o "bom senso e a reta razão reunidos"!

É, de fato, no prosaísmo da vida cotidiana que se exprime melhor a perduração da tradição. É onde se consolida a solidez dos usos e costumes. Isso que já Aristóteles (*"exis"*) ou Tomás de Aquino (*"habitus"*) analisavam como o terreno a partir do qual podia crescer o *viver-junto*. O que nos incita a estar à altura desta vida corrente enraizada numa imanência que nada mais é que uma transcendência vivida no dia a dia. E como isso se exprime senão pela importância e a continuidade dos rituais na sociabilidade humana?

Uma tradição enraizada na vida cotidiana.

Já mostrei quais eram "os fundamentos e formas do ritual", e em que este último participava de uma inegável "conquista do presente"[1]. Como era uma maneira de enfrentar o destino e de lutar contra a angústia do tempo que passa. Antes de ser característica da liturgia, os rituais são essencialmente vividos no cotidiano. Eles são o próprio

O sentido dos rituais: enfrentar junto a finitude humana.

---

[1] M. Maffesoli, *La conquête du présent* [A conquista do presente], reed. In *Après la modernité?* [Depois da modernidade?], CNRS éditions, 2010, p. 785.

fundamento da cultura e constituem uma espécie de teologia popular. Ou seja, uma maneira de pensar o *sacral*. Não um sagrado exterior, transcendente, mas vivido de maneira imanente.

Os rituais não conscientizam, não se verbalizam, ou então muito pouco. Eles são inefáveis, mas não deixam de estruturar a comunidade. Nesse sentido, são bem causa e efeito de uma inegável religião *secular*. Entendamos do século, deste mundo! Novamente um acordo entre a sabedoria popular, a abordagem iniciática e o espírito do tempo.

Com efeito, os rituais maçônicos, cuja importância pode variar conforme as obediências se mantêm essenciais, não fazem senão traduzir esse imanentismo tenaz: como viver melhor, com os outros, aqui e agora? São, portanto, no sentido forte do termo, uma *ética*, ou seja, um cimento que assegura, presentemente e ao longo do tempo, a coesão societal. Este imanentismo ritual assemelha-se um pouco a um hino panteísta. Ou seja, a uma celebração desta vida *mundana*. Um exercício de admiração para com a criação contínua que é a bela obra humana.

Um hino endereçado ao Grande Ser. Símbolo justamente desta imensa "religião secular" que constituiu, ao longo das eras, a humanidade[2]. Religião secular, "empresa secular" ou "religião da humanidade" (A. Comte), pouco importa. Basta chamar a atenção para uma transcendência imanente constitutiva da comunidade humana. Ou seja, *stricto sensu*, isso que ultrapassa o indivíduo e recai sobre o grupo. Neste caso, aquele dos irmãos maçons.

Uma religião secular constituída ao longo do tempo enraizada no presente.

---

[2] Cf. J.-C. Nehr, *Symbolisme et franc-maçonnerie* [Simbolismo e franco-maçonaria], À l'Orient, 2008, Posfácio de C. Porset, "Entreprise séculière" ["Empresa secular"], p. 197; e a noção de religião da humanidade em Augusto Comte.

Não se está mais aqui no princípio de corte que caracterizou a modernidade e culminou no individualismo moral e epistemológico. Princípio que se tornou esquizofrênico na medida em que separa os diversos elementos do dado natural e social: corpo/espírito, natural/cultural, material/espiritual. É uma espécie de completude que está em jogo, um holismo vivido no cotidiano e que assegura a dignidade do humanismo autêntico.

O pleroma[3], a realização que a teologia cristã projetava no além, a perfeição que os sistemas socialistas adiavam para "dias melhores", tudo isso, para a sabedoria maçônica, pode se realizar, *hic et nunc*, no âmbito da troca fraternal.

Novamente, a áspera lição da tradição nos ensina que, para além do *universalismo* um tanto normativo e, portanto, uniformizante, o universalismo cheira aos séculos XVIII e XIX, e por isso é totalmente ultrapassado, é preciso retornar ao que Aristóteles chamava de *"katolon"*: a *"universalidade"*, isso que é comum a todos e a tudo. Não se repetirá jamais o bastante, é preciso desconfiar dos "-ismos". Estes são sempre manifestações do medo. A universalidade, esse comum a todos, enraizando-se fundo nos modos de vida, convida a uma sabedoria encarnada (é isso o humanismo), que, cada vez mais, se exprime no cotidiano. Em particular na intensa exigência do vitalismo juvenil.

Sabedoria encarnada do imanentismo maçônico, o que dizer senão aceitação da morte? Ou seja, aceitar a vida e, portanto, a morte. Por meio dos rituais que representam a morte simbólica, homeopatizá-la, domesticá-la e assim fazê-la participar da plenitude da existência. Trata-se de

O imanentismo maçônico: uma maneira de domesticar a morte. Uma espiritualidade popular (laica).

---

[3] Plenitude divina. (NT)

uma espiritualidade secular, ou ainda "laica", se se dá a este termo seu sentido etimológico, ou seja, pleno.

De fato, na fidelidade ao espírito heterodoxo, própria do pensamento maçônico, e para continuar esse questionamento essencial, "Em que ela está em sintonia com o espírito do tempo e pode assim responder a seus desafios?", é preciso lembrar que, primeiramente, esse laico vem de "*laos*", "o povo", "*laikos*", "que pertence ao povo". Além disso, nos monastérios medievais, o "irmão lai" participa da comunidade, faz parte de uma ordem, ao mesmo tempo guardando seu estatuto laico: ele não é padre.

Etimologia e exemplo instrutivos que lembram a dinâmica e autêntica sensibilidade laicas. E é uma falsificação de seu princípio original quando o espírito laico se torna dogmático, intolerante, até mesmo clerical. Torna-se laicismo: ideologia sistemática e excludente. Ele se caricatura em "defensor da laicidade", um tanto fanático e vituperioso.

Laicidade heterodoxa contra laicismo antiquado.

A laicidade heterodoxa compreende a "república" como esta *res publica*, essa coisa pública que assegura a coesão da diversidade. Coesão *a posteriori*. Ou seja, depois de muitas tentativas-erros, e de uma maneira enraizada na vida de todos os dias. Em contrapartida, o laicismo ortodoxo continua o combate antiquado de uma república una e indivisível, em que o Estado-Providência é apenas a forma profana de um Deus único e intolerante. De um Deus guerreiro ("Deus Sabaoth") que elimina este e aqueles que não se dobram a seu querer soberano.

Quanto à laicidade heterodoxa, ela se empenha em nada divinizar. Sobretudo as entidades pontuais (República, Democracia, Progresso...), que correm o risco, rapidamente, de se saturar e, portanto, ser apenas sonhos, fantasias, fantasmagorias ou, mais simplesmente, fantasmas evanescentes, cuja própria existência merece ser posta em questão. É exatamente tal espiritualidade laica que é, cada vez mais, difundida nos modos de vida pós-modernos e que, como tal, necessita ser teoricamente acompanhada. Para tanto, a contribuição da tradição é uma ajuda importante.

Lembrei, citando Pascal, "viver no eterno". O que se pode compreender como sendo essa espécie de instinto animal ou societal, não faz diferença, que vai ao essencial e não se preocupa com o acessório. É isso a "contribuição da tradição": ver as coisas *sub specie aeternatis*. Reconhecer que o eterno jaz em nós e que somos apenas seus usufrutuários. E como observa A. Comte, em diversas ocasiões, esse próprio usufruto é regrado pelos mortos: "São os mortos que governam os vivos"[4].

A contribuição da tradição: ir ao essencial, se livrar das falsas evidências.

Para admitir isso, é preciso elucidar as ideias. Ou seja, se livrar dos *conformismos lógicos*. É isso que pode permitir fazer a distinção entre o factual e o essencial.

Livrar-se das opiniões. Em particular das opiniões intelectuais que são, sempre, imediatistas, isso não se endereça, obviamente, às pessoas de imaginação. Ao pequeno número que admite que não se é mestre das ideias que nascem em nós. Que estas vêm de muito longe. Desse meio natural, social, territorial em que se está mergulhado. É a partir disso que se elaboram nossos julgamentos e mesmo nossos raciocínios. Não há ideias individuais, pois, como atores, mais ou menos bons, mais ou menos ruins, apenas recitamos um texto vindo de muito longe. Retórica societal oriunda da lenta sedimenta-

A cultura: ideias que vêm de muito longe.

---

[4] A. Comte, *Catéchisme positiviste* [Catequismo positivista], Paris, do autor, 1852, p. 29.

ção que, de geração em geração, se constituiu sob o nome de "cultura".

Desse modo, falar em tradição é falar de uma dívida moral contraída para com aqueles que nos precederam. É aceitar a submissão à *ordem natural das coisas*, que é eterna, acompanhada da insubmissão perante a ordem política do mundo, que é pontual.

Significação da "corrente de união".
Esta concatenação com aqueles que passaram (submissão) e com aqueles que agem (insubmissão) atualmente é simbolizada pela "corrente de união" que pontua todos os encontros maçônicos: das *reuniões* regulares às cerimônias fúnebres. Ritualmente essa corrente lembra aquilo que se deve à sociedade que nos modelou e alimentou física e espiritualmente. É o reconhecimento de que o indivíduo é apenas o produto efêmero de uma comunidade que tem a solidez do granito. É preciso se referir ao texto dito nessa ocasião e à intensa atenção que em geral suscita, para compreender a dívida moral a que nos referimos.

É aliás a partir dessa dívida que se pode evitar a incrível confusão feita, habitualmente, entre progressismo e progressividade. O naufrágio evidente de um racionalismo conquistador e um tanto paranoico, aquele do progressismo arrogante, que pensa resolver o enigma do "porquê" da vida, incita a mais prudência. Conduz a esse discernimento do qual se conhece o papel eminente que desempenha no e pelo humanismo, próprio da *filosofia progressiva*. Aquela de uma razão sensível, de um raciovitalismo.

Pensar com seus sentidos, com seu corpo: a razão sensível.
Razão sensível, outra maneira de dizer o que o ato de pensar deve ao corpo, aos sentidos, ao território e ao corpo social. Conhecimento encarnado, tributário da apa-

rência, ou seja, do físico, da física, na qual se situa. O que não é sem consequências, políticas ou triviais. Não é isso que se infere desta observação de Pascal: "Se o nariz de Cleópatra tivesse sido mais curto, a face do mundo seria outra"? Conhecemos as circunstâncias históricas disso! E de maneira bem mais familiar, mas não menos real, temos este provérbio italiano: *"Tira più un pelo di fica che un carro di buoi"*. Sabedoria popular que mostra a relativização de uma razão soberana pela importância de um sensível do qual se está longe de ser mestre.

Essas constatações de bom senso se inscrevem bem nisso que constitui as bases maçônicas. Essas "constituições" que é preciso compreender como uma ordem arquitetural: a construção jamais acabada do Templo da humanidade. Ordem simbólica vinda de muito longe, que se aperfeiçoará sempre. Construção contínua que, ao mesmo tempo, entra em sintonia com o desejo de empreender, que é, para aqueles que sabem ver com lucidez, próprio do imaginário pós-moderno. Imaginário que se baseia na ideia, que não pode ser mais simples, de que não há crescimento a não ser a partir das raízes.

As constituições maçônicas: a radicalidade da tradição.

É isso que é, por mais paradoxal que possa parecer, a radicalidade da tradição: porque ela se enraíza fundo, apresenta um pensamento alternativo. E a atratividade da franco-maçonaria se baseia nisso. Mesmo que, é preciso dizê-lo e repeti-lo, inúmeros franco-maçons não sejam sensíveis, atentos ou simplesmente conscientes disso. Esta *radicalidade*, a compreender no duplo sentido que acabo de lhe dar, é um elemento importante do *tesouro maçônico*.

O que dizer senão que sempre se colocam seus passos nos passos daqueles que nos precederam? Ou dito de outro modo, com concisão, esta bela formulação de

A dinâmica da memória: o passado não é nem passado, nem ultrapassado.

Joseph de Maistre: "Nossos pais se fixaram, tenhamos isso em mente"[5]. Acrescentando, em uma etimologia certamente duvidosa, mas, e é suficiente, que dá a pensar, que "ancestrais" vem de "antigo" e "ser". Portanto, que há plenitude de ser somente nas e pelas raízes que constituem as pessoas e a comunidade em seu conjunto. Este autor tão, frequente e injustamente, vilipendiado deve, é preciso não esquecer, o elã do seu pensamento a isso que foi, muito jovem que era, sua iniciação maçônica. Desse modo, evidencia-se a profundidade do passado, o dinamismo da memória imemorial. O progressismo, que não pode ser mais simplório, se baseia na ideia de que o passado é passado. O que não deixa de fazer dos progressistas ingênuos sem grande perspectiva. Quanto à abordagem tradicional, consiste em ver o que esse passado nos lega. E em que, claramente, se é tributário dele. Não em uma concepção de um mundo fixo, mas sim nisso que chamei de *"enraizamento dinâmico"*.

Nesse sentido, é esclarecedor ver o sucesso dos produtos locais, das roupas étnicas e, de um ponto de vista semântico, a utilização de termos como "território", "país", "local" e outras temáticas que enunciam o problema e o desejo das raízes, para compreender a atualidade de um pensamento tradicional em geral, da tradição maçônica em particular.

Enraizamento em um território, uma longa existência. período. duração.

Com relação aos seus *Mitos fundadores da franco-maçonaria*, Gilbert Durand, antropólogo arraigado à cultura popular e no terreno que era o seu, lembra em uma formulação gravada no mármore de um conhecimento eterno que "o que foi é ainda,

---

[5] J. de Maistre, *Soirées de Saint Pétersbourg* [Noites de São Petersburgo], edit. Rodolphe de Maistre, J. B. Pélagaud e Cia. Impressores-livreiros, 1821, primeira entrevista, p. 14.

para todo fenômeno humano, fundamental"[6]. E citando F. Braudel, ele destaca a importância daquilo que é impermanente, de uma espécie de imobilidade da história.

Tudo isso nos incita a pensar que o Progresso brutal e um tanto devastador, aquele que queria do passado "fazer tábua rasa", é uma visão ao mesmo tempo grosseira e imprudente. E, ao longo do tempo, constata-se que isso mesmo que constitui o inconsciente coletivo dos povos é feito de obstinadas permanências, de perdurações irrefutáveis, em resumo, de pseudomorfoses. Ou seja, isso que se apresenta como novidade não é senão a modulação de uma forma arquetípica.

Contra um progresso que se tornou devastador, uma progressividade que se acomoda ao destino.

Tradição, iniciação (é, não esqueçamos, aquilo que remete ao inicial, à origem) que incitam a se habituar ao destino. Ou seja, esse par fecundo e inelutável que é a dialogia da morte e da vida.

O progressismo é a pretensão de dominar a História, individual e coletiva, é também a ambição de ultrapassar a infelicidade e a morte, é o grito paranoico da "luta final".

A progressividade é, ao contrário, uma aceitação do destino, uma homeopatização da finitude, é o reconhecimento da fossa final. Resumindo, é o *amor fati*. É a partir daí que o humanismo integral da tradição maçônica integra e enriquece isso que foi o *"fatum"* antigo, a "Providência" cristã, ou mesmo o *"mazal"* judaico, tudo o que remete à sorte, chance, *"fortuna"*, portanto o destino. Destino que pode ser dinâmico. Isso não é de modo algum um impasse. A sabedoria ancestral sabia bem

---

[6] G. Durand, *La foi du cordonnier* [A fé do sapateiro, UnB, 1995], L'Harmattan, 2014, p. 220.

disso. Como resume, na *Eneida*, Virgílio: "*Fata viam invenient*", "eles encontrarão seu caminho, os destinos"!

A viagem iniciática. Esses caminhos são as viagens que a tradição maçônica faz empreender aquele que solicita a iniciação. Lembrando a peregrinação fundamental desse *Homo viator* que são todas as pessoas. Rota seguida ao longo da vida e onde se inicia às artes em geral, às artes liberais e à arte de viver, em particular. Mas, e é onde o destino aponta seu nariz, viagens carregadas de provas. Viagens em que felicidades e infelicidades se completam, em um misto constante, uns e outros. Viagem enfim em que se faz a aprendizagem deste objetivo final que é a morte. Ao longo das provas, essa aprendizagem da morte simbólica é uma boa maneira de domesticá-la. Mais uma vez, sabedoria vinda de muito longe e destinada a um belo futuro!

2 – O pensamento progressivo

Com o retorno do destino, ou, em todo caso, como a ideia do destino volta a ser uma realidade cotidiana, o indivíduo se desfaz de si mesmo. Ou, para retomar uma expressão familiar, "se fragmenta" em um conjunto que, *stricto sensu*, o eleva. Torna-o maior, o consagra em um ideal comunitário. É a cultura como herança acumulada ao longo das histórias humanas que enraíza todos em um espaço, real ou simbólico, do qual é dependente. O destino é um tempo que se contrai em espaço.

Não se pode ver neste ideal comunitário a forma contemporânea da *egrégora*, este espírito comum que se cristaliza nos limites da quadrangulação do templo em construção desenhada, sob forma alegórica, na própria reunião maçônica? É graças a esse templo simbolicamente figurado que se unem as múltiplas energias individuais. Energias presentes sem dúvida, mas que não negligenciam aquelas que não o são mais. Memórias dos mortos ilustres das quais A. Comte fez o fio condutor de sua religião da humanidade. E antes dele, o oráculo de Delfos, que lembrava com constância às cidades democráticas gregas tudo o que elas deviam às gerações passadas, as quais, por sua vez, deviam permanecer dominantes qualquer que fosse a eleição!

O ideal comunitário: a egrégora, este espírito comum que une os mortos e os vivos.

Reunir o que está disperso: a inteligência maçônica.

Paradoxo ver mortos governarem os vivos? Não necessariamente. Pois, quando o mundo desaba, quando a falsificação de ideias está em alta, é preciso saber se concentrar. E, de maneira profunda e grave, reunir o que está disperso. É preciso lembrá-lo? A ideia de reunir é justamente a etimologia da palavra "inteligência". Portanto, a verdadeira inteligência que está no cerne da abordagem maçônica é exatamente de reunir o que o princípio de corte moderno dissociara. A integralidade do ser encontra aí sua justificação.

Assim na construção do "Templo" comum – é isso o *viver-junto* –, como já foi o caso no século XVIII, a franco-maçonaria propõe algumas bases nas quais se pode apoiar a arquitetônica social pós-moderna em construção.

Entre essas bases, os ancestrais costumes que, pela maturação feita ao longo da tradição, tornam-se leis imutáveis. Entre elas, esta, irrefutável: não se pode abolir o mundo tal como ele é. Pode-se mesmo reformá-lo? Não é certo. É preciso revolucioná-lo? É uma pretensão muito perigosa, cujos efeitos perversos a História mostra sem pressa. Não. Pode-se apenas acomodar-se a ele, compor com ele, ajustar-se a ele, e outras maneiras de respeitar a natureza. Os rituais durante as reuniões, mais ainda a confrontação com os elementos naturais (fogo, água...) durante as viagens iniciáticas lembram esta essencial humildade. Esse estrutural acordo com isso que foi desde sempre, é e será no futuro.

Ver e tomar o mundo tal como ele é.

Respeitar os limites do mundo: uma ecosofia.

A sensibilidade ecológica contemporânea, a ecosofia nascente que dela resulta estão em profunda "correspondência" com essa imemorial sabedoria. Sabedoria que nos ensina a necessidade do sacrifício, a aceitação do limite, garantia da estabilidade do mundo. Os romanos davam a Júpiter a alcunha de "*Stator*", pois era o deus que conserva a ordem das coisas: "stare, stat", "*manter*". É sabendo se "manter" nos limites naturais que se pode evitar esta *"hybris"*, este orgulho desmedido que conduz, invariavelmente, à devastação do mundo.

A *"determinatio"* designa, em latim, a borda, o limite que faz a divisão entre o campo fértil e o indefinido do deserto. A sabedoria iniciática ensina, com justeza, a concordar com as *determinações* naturais, sociais, intelectuais, etc. "Concordar" não significa aceitar um *status quo* fixo. Mas sim compor com o que existe. Ou seja, se ligar ao fato e à experiência. Experiência comum que vem de muito longe, e, portanto, radical, pois se enraíza neste longo período do qual os historiadores mais perspicazes fizeram o fundamental substrato cultural.

É tal perspectivação tradicional, portanto natural, que incita o pensamento livre a ter amplitude. E, desse modo, a se proteger da praga da opinião comum. Esses parasitas minam o equilíbrio global propagando ideias convencionais que não favorecem à altitude de visão necessária ao enfrentamento do destino, o que é necessário para toda geração. O que é ainda mais útil quando um ciclo se acaba e outro começa. Quando uma época se fecha e outra se abre, o tesouro da experiência tradicional não pode ser mais atual. É bem isso que a *filosofia progressiva* cara à maçonaria pode dar ao mundo em gestação.

Uma nova relação com o tempo. Nem flecha, nem círculo, mas espiral.

Posso aqui lembrar as duas maneiras habituais de interpretar o curso do tempo? Certos sistemas filosóficos baseiam-se em um linearismo seguro de si próprio. Na sequência de Hegel, e de sua filosofia da História, as grandes construções socializantes do século XIX teorizam tal flecha do tempo. O progressismo é a consequência de tal visão do tempo. Esse foi o mito maior da modernidade.

A isso se opõe uma concepção circular da temporalidade. É o "retorno eterno do mesmo" nietzschiano. Muito complexo e nuançado no filósofo, mas que se vulgariza nas diversas concepções do mundo um tanto conservadoras e pouco atentas às mutações, às evoluções societais. Enfim, neste caso, a "conservação" consiste em rejeitar ou negar o futuro próprio a todas as coisas. O círculo é uma boa ilustração de tal *status quo ante*! Bem diferente pode ser a progressividade, cuja tradução imagética, não é nem a flecha, nem o círculo, mas a espiral. Sempre constante e sempre mutante. A constância é o enraizamento na tradição, da qual já indiquei o aspecto fundador e, sem jogar com as palavras, "radical". A mudança é a adaptação ao presente. Essa impermanência que se apoia na continuidade é bem o que se encontra nas filosofias orientais. E a referência ao "Oriente", de onde nasce a luz, é um elemento constante da sabedoria maçônica. Ele estrutura, dos pés à cabeça, seu inconsciente coletivo.

Esta metáfora da espiral, que retorna frequentemente na história do pensamento, por exemplo, em Nicolas de Cuse, cuja *Douta ignorância* prefigurava o humanismo da Renascença, é uma pertinente ilustração da filosofia progressiva que nos inicia à humildade, ou seja, à relatividade das coisas.

"O tempo retorna"[1], tal era a divisa que Lourenço de Médici[2] mandou pintar em seu estandarte por este grande artista que é Andrea del Verrochio[3]. Tratava-se de um eco ao que escreve, em *As bucólicas*, Virgílio: "Eis que recomeça a grande ordem dos séculos". Esse tempo que recomeça é, evidentemente, aquele da

---

[1] Ver minhas análises nesse sentido: M. Maffesoli, *Le temps revient* [O tempo retorna], Desclée de Brouwer, 2010; e *A violência totalitária*, capítulo III; "Sociogênese do progresso e do serviço público", reed., in *Après La modernité?* [Depois da modernidade?], CNRS éditions, 2008, p. 445 sq.
[2] Lourenço de Médici (1449-1492), conhecido como Lourenço, o Magnífico, diplomata, político e mecenas florentino. (NT)
[3] Andrea del Verrochio (1435-1488), escultor, ourives e pintor renascentista, trabalhou na corte de Lourenço de Médici. (NT)

Renascença com sua ebulição cultural, sua criatividade em todas as direções, a nova era de ouro que ela representa.

Esse tempo que retorna é, igualmente, aquele do humanismo *redivivus* que encontra na filosofia progressiva uma expressão de destaque. Filosofia, assim como indica Pitágoras, que primeiro emprega esse termo, que é o amor pela sabedoria. É um processo: uma abordagem iniciática para a sabedoria. É isso a *progressividade*. Não a simples projeção para um futuro perfeito a esperar, mas uma deambulação jamais acabada que, enraizando-se profundamente, se vive no presente. O futuro sendo, portanto, dado de acréscimo.

Trata-se de outra base na qual se pode juntar o cibermundo em gestação. O fenômeno Wikipedia, aquele de uma enciclopédia em constante devir, e de maneira mais geral todos os fóruns de discussão, blogues e outros *sites* comunitários, tudo isso traduz a desconfiança da juventude diante dos "prontos para pensar" em série. É também a recusa dos dogmas de qualquer que seja a ordem[4].

Recusa dos dogmas, construção comum da sabedoria: o "Wiki-".

Ora, os analistas da circum-navegação em jogo na cibercultura mostram em que a descoberta de um novo mundo que ela provoca se faz na e pela retomada de temáticas muito antigas. A referência aos sincretismos filosóficos é coisa corrente. Há mesmo debates sobre as diversas espiritualidades, cuja importância é considerável. Não se pode mais ignorar o retorno com força de uma ordem simbólica de contornos infinitos. Esta presença do imaterial no centro mesmo de um desenvolvimento tecnológico de ponta é a indicação mais segura de um inegável *reencantamento do mundo*.

---

[4] Cf. S. Hugon. *Circumnavigations: l'imaginaire du voyage dans l'expérience Internet* [Circumnavegações: o imaginário da viagem na experiência Internet], CNRS éditions, 2010.

Tal é o desafio de uma filosofia progressiva da qual muitos maçons, vencidos pela imbecilidade ambiente, não medem a dimensão. Não são mais os acontecimentos políticos ou sociais (até mesmo "societais") que são as preocupações cotidianas da consciência coletiva, ainda menos aquelas das novas gerações, mas sim os acontecimentos um tanto paradoxais dos velhos arquétipos: iniciação, espiritual, comunidade, tribo, ritual, etc., que o progressismo moderno acreditara ultrapassados. É nesse sentido que a progressividade das sabedorias ancestrais, aquela do "tempo que retorna", (re)encontra uma força e um vigor inegáveis!

O desafio de uma filosofia progressiva: um reencantamento do mundo.

Portanto, é inútil se contentar com uma pequena moral de filhos de Voltaire (como existem os "filhos de Maria"). Moral bastante medíocre em vista da transformação civilizacional em curso.

Um pensamento livre, liberado das repetições de ideias convencionais.

Não é mais comum se satisfazer com essas repetições de ideias conhecidas e convencionais. Não se pode mais se contentar em ser simplesmente obsequioso diante do politicamente correto. Com efeito, o que são as encantações das quais estamos cansados de ouvir falar, senão uma maneira de "cantar" algumas teorias mais ou menos bem aprendidas? E isso para esconder a indigência de seu espírito!

Não, tudo isso não basta. O pensar livre do franco-maçom se elabora a partir de uma *heterodoxia* estrutural. Ou seja, de um pensamento que sabe se nutrir do Outro ("hetero-"): alteridade no seio da sociedade, alteridade na natureza, alteridade do sacral. É antiquado crer que se pode reduzir este Outro multiforme ao idêntico, à igualdade, à Razão soberana. E isso tanto que o ritual da cibercultura amplia um pouco a moral, e faz existir o real a partir disso que se tende a considerar "irreal".

"Irreal" para aqueles que, ofuscados por uma concepção quantitativista da realidade social e/ou econômica, consideram, de toda boa-fé, que só é justo o que está de acordo com seu interesse tacanho. O virtual é diferente de dizer o saber coletivo vindo justamente da tradição? Não é uma noosfera, uma superconsciência, aquelas da intersubjetividade, onde um estreito "eu" se transcende em um "nós" diferentemente mais dinâmico?

Irreal, virtual, união da natureza e da cultura.

O virtual é, portanto, uma maneira de remeter à *egrégora*: uma energia comum que leva a sério o ideal do humanismo integral que se dedica a unir, em um mesmo movimento, a natureza e a cultura. Naturalização da cultura e culturalização da natureza, que se encontra na ideia de complexidade, cara a Edgar Morin, ou no "trajeto antropológico" que, como um fio condutor, percorre toda a obra de Gilbert Durand.

É tudo isso que se encontra na reatualização da noção de sítio. Sítios reais (território, país, região) ou sítios simbólicos (*sites* comunitários próprios da cibercultura). Todos esses sítios são animados pelos eflúvios do passado, dos arquétipos, e é por isso que eles excitam a imaginação, que constituem a consciência profunda, ou melhor, o inconsciente coletivo de nossa época.

Sítios reais, sítios virtuais: um enraizamento próprio da pós-modernidade.

Repito: isso que se tem algum temor em chamar de "pós-modernidade" não é nada mais que esta espantosa sinergia entre o arcaico e o desenvolvimento tecnológico. Em outras palavras, a desmultiplicação dos efeitos societais a partir da contribuição da tradição (aquilo que foi, é e será) elevada pelas potencialidades da tecnologia de ponta. É esta conjunção que suscita um imagi-

A religação volta à ordem do dia. É um elemento do tesouro maçônico.

nário alternativo àquele que fez a modernidade. Mais precisamente (re)dinamizando uma ordem simbólica que se acreditava ultrapassada. É isso o centro da filosofia *progressiva*.

Ordem simbólica? Inútil sustentar, a esse respeito, discursos rebuscados. Trata-se simplesmente da renovação da interação, da reversibilidade, da troca, do compartilhamento. Em resumo, do *"estar-com"*. O *"Mit-Sein"* da fenomenologia alemã, que se encontra mais empiricamente na locação dividida, no compartilhamento de automóveis, no *"coworking"* e outras manifestações do "cum", ou seja, "com", que estão no cerne da religação pós-moderna e igualmente são um elemento essencial do *tesouro maçônico*.

Esta ordem simbólica que consiste ao mesmo tempo em ser religados e em fazê-lo em confiança encontra sua radicalidade nisso que deve ao inicial, original que, de fato, promove a proxemia. Em sua meditação sobre um poema de Hölderlin acerca do retorno ao país natal, Heidegger destaca bem a conjunção existente entre a "fidelidade à origem" e o "segredo da proximidade"[5].

Ser religado ao outro, fazer-lhe confiança, uma forma de solidariedade orgânica da pós-modernidade.

Não se saberia dizer melhor a harmonia existente entre este original que são a tradição, os usos e costumes ancestrais e o vínculo, a religação ao outro da comunidade. É esta mesma reversibilidade que se pode encontrar na força da tradição maçônica e na "irmanação" que é sua causa e efeito. Os rituais dos maçons especulativos contemporâneos, ecos das práticas dos maçons operativos da Idade Média, estimulam a irmanda-

---

[5] M. Heidegger, *Approche de Hölderlin* [Análise de Hölderlin], Gallimard, 1996, p. 28-29. Sobre a "irmanação", ver meu livro, M. Maffesoli, *Homo eroticus*: comunhões emocionais, GEN – Forense, 2014.

de, o companheirismo, em resumo, o ideal comunitário, secretam certa solidariedade orgânica e formas de generosidade das quais a atualidade recente dá numerosos exemplos.

Dou aqui apenas alguns exemplos paroxísticos das solidariedades e generosidades provocadas pela (re)novação do "*estar-com*", e deixo a cada um o cuidado de completar o quadro em função de sua experiência pessoal. Basta dizer que, longe de um suposto individualismo que seria a marca de nosso tempo, e longe igualmente de um suposto "comunitarismo" que ameaçaria a República, o ideal comunitário pós-moderno, estimulado pelo desenvolvimento dos sites comunitários e outras redes sociais na Internet, entra em conexão com o ideal fraterno ("irmanação") próprio da tradição maçônica. Dessa forma é resumida a "lei do segredo" que rege nossa época.

Nesse sentido a contribuição da abordagem iniciática (isso que retorna ao inicial, à origem) permite compreender, de maneira holística, a mudança de atmosfera mental de efeitos insuspeitos.

Compreender a mudança de época.

É isso mesmo que os historiadores mais sutis nomeiam a "mudança de clima" a partir da qual se pode compreender as evoluções de fundo[6]. Pois essa mudança climática, metáfora para exprimir a saturação do mito progressista, somente alguns dinossauros do pensamento não querem constatar. Infelizmente, trata-se daqueles que nas instituições têm o poder de dizer e de fazer. E que, calçando as gastas pantufas das elites oitocentistas, se contentam em barrar a rota e, guardiões exigentes de uma ortodoxia antiquada, em interditar a entrada do templo

---

[6] Ver, por exemplo, L. Febvre, *Au coeur religieux du XVI Siècle* [No coração religioso do século XVI], SEVPEN, 1957, p. 274-290.

às novas gerações, que não têm o que fazer com as teorias de outro século.

Saturação do imaginário moderno e (re)emergência do princípio gerador da franco-maçonaria, princípio feito de audácia, de coragem, de relativismo, é bem isso que é o prêmio comum de uma sociedade de pensamento enraizada na tradição e, ao mesmo tempo, do inconsciente coletivo que nos cabe saber decifrar.

Compreender o imaginário pós-moderno: um desafio para a franco-maçonaria.

Pois é bem isso o papel de uma elite digna desse nome, é bem isso que incumbe aos iniciados: saber ler e saber dizer, com a maior justeza possível, a "cifra" característica de uma determinada época.

Isso não é de minha competência, mas posso, no entanto, lembrar que um psicólogo das profundezas, muito tempo suspeito, ao menos na França, de misticismo e de outras taras ainda menos confessáveis, C.G. Jung, é um pensador cuja pertinência se reconhece cada vez mais, cuja obra imbuída de sabedoria tradicional permite a leitura da sabedoria iniciática difusa em nossas sociedades? Um bom conhecedor da franco-maçonaria, J.-L. Maxence nos dá uma preciosa análise, das mais úteis para o nosso propósito[7]. Basta lembrar – e está aí a convergência essencial entre a filosofia progressiva e a contribuição junguiana – que a abordagem iniciática se baseia em uma técnica de despertar que permite decifrar a linguagem simbólica a partir de uma leitura, e se poderia acrescentar de uma prática, comum de todos os elementos simbólicos.

---

[7] J.-L. Maxence, Dictionnaire comparatif, C. G. Jung et la franc-maçonnerie [Dicionário comparativo: C. G. Jung e a franco-maçonaria], Dervy, 2012, e Jung est l'avenir de la francmaçonnerie [Jung é o futuro da franco-maçonaria], Dervy, 2004; ver enfim La franc-maçonnerie. Histoire et Dictionnaire [A franco-maçonaria: história e dicionário], sob a direção de J.-L. Maxence, Robert Laffond, Bouquins, 2013.

Assim, opondo-se aos discursos convencionais da *opinião* intelectual dominante, a heterodoxia pós-moderna, se enraizando no pensamento tradicional, contribui para restabelecer o mundo. Ou, para dizê-lo simplesmente, para "se harmonizar com aquilo que existe".

Pode-se lembrar que, em seu *Discurso sobre as ciências e as artes* (1750), J.-J. Rousseau, com audácia, responde pela negativa? E, em nome da natureza, ataca ao mesmo tempo a cultura e a ciência. O que não aconteceu sem causar o escândalo que se sabe. Sua posição, aliás, era cheia de nuances e muito equilibrada.

Levar em conta o dado natural.

Mais precisamente na medida em que notava que nisso havia, certamente, inegáveis aspectos sociais: funções, papéis, ofícios; mas também "características naturais": pai, mãe, etc. O caráter sendo uma marca que faz de cada um de nós aquilo que é. Desse modo, no seio mesmo da filosofia das Luzes, o autor trazia uma importante nuance àquilo que ia ser a ideologia de um Progresso seguro de si. Ele foi criticado por isso.

É tal consideração do "dado" natural, sobre a qual a tradição dá esclarecimentos mais limpos, que parece renascer em nossos dias. É isso também que lembra com acuidade a filosofia progressiva, no que ela é próxima do bom senso popular do qual não é senão a formatação intelectual. Saudável lembrança da experiência coletiva e da sabedoria iniciática que mostra que a razão só é pertinente ao tempo quando sabe integrar os sentidos.

Saber incorporado de uma razão sensível que está, portanto, em condições de ver e de dizer a inteireza do ser, isso que é a principal ambição do humanismo.

É verdade que se trata aqui de um pensamento hermético, acessível apenas a algumas almas da elite. Mesmo entre os francomaçons, raros são aqueles que alcançam a plenitude da sabedoria iniciática. As alterações sofridas pelas instituições fazem com que, muito frequentemente, se esqueça do papel e da eficácia dos mitos fundadores. Desse modo, elas se transformam em sucursais de partidos políticos, ou tornam-se grupos de pressão de horizonte limitado e preocupações puramente profanas.

Lutar contra a institucionalização da franco-maçonaria, sua perda de sentido.

Sociólogos como F. Alberoni mostraram bem como, em todo domínio, a dinâmica característica da gênese primordial acaba em sonolência generalizada. Ou como o "choque amoroso" se esfriava, pouco a pouco, em rotina enfadonha, até mesmo deprimente[8]. Tal adulteração própria a todo "instituído" social não poupa as instituições maçônicas, até que, em um sobressalto renovador, alguns se lembram do aspecto "instituidor", ou seja, energético, do "tesouro escondido" que está em seu poder.

Lembram, portanto, o que é a abordagem iniciática. Aquela de aprender progressivamente (é isso a "filosofia progressiva") que o eu não se reduz ao si, compreendido como entidade individual. Mas que é o produto, ou melhor, a resultante da lenta sedimentação, por longas gerações, de consciências humanas. Outra maneira de dizer a tradição. Como também está ligado a um determinado vínculo em que se elabora a comunidade humana. Tudo isso sendo não simplesmente racional, mas comportando parte não negligenciável de instintual, o que se exprime melhor no inconsciente coletivo, que constitui o vetor privilegiado da transmissão tradicional.

Assim, na espiral do tempo, a tradição não é nada mais que a totalização *presente* da História. Isso que se torna destino. O destino como

A tradição: uma história no presente.

---

[8] F. Alberoni, *Genesis* [Gênesis], Ramsay, 1991.

conquista do presente é a elevação pela pessoa, que se desenvolve no ideal comunitário, do pequeno si a esse Si, tal como analisa C.G. Jung, mais vasto e sobretudo englobante. Portanto, a alma pessoal não é senão uma parte da alma do mundo.

Como observava Nietzsche: "O passado talvez ainda continue essencialmente inexplorado. Ainda se tem necessidade de tantas forças retroativas"⁹. "Forças retroativas", bela formulação que lembra esta *"vis a tergo"*, isso que nos impele a agir, que às vezes nos empurra, quando se esquece a contribuição da origem em uma essencial ordem das coisas. Essas forças retroativas contribuem, e é isso a eficácia da aprendizagem, para estimular a pessoa, fortalecendo o sentimento de pertencimento a uma "tribo" particular, e, desse modo, à comunidade humana em geral.

Um pequeno "si individual" exaltado no Si comum.

O que é esta *aprendizagem* senão a domesticação do entusiasmo, das forças do sentimento – forças vindas de muito longe –, transfigurando-os em uma energia coletiva? Resumindo, uma exaltação controlada.

A aprendizagem: uma exaltação controlada.

Eis em que esta sabedoria ancestral, enraizada no bom senso popular, está em sintonia com o espírito do tempo pós-moderno. Muito precisamente, de um lado, na medida em que é abertura *progressiva* ao todo, à inteireza do ser individual, do ser coletivo, isso que é uma espécie de "pansofia", e, de outro, na medida em que alcança a sensibilidade ecológica, cada vez mais expressiva em nossos contemporâneos: uma ecosofia cujos contornos restam a explorar. Esses dois elementos que resultam

---

⁹ F. Nietzsche, *Le gai savoir* [A gaia ciência], § 34 in *Oeuvres philosophiques complètes* [Obras filosóficas completas], Gallimard, 1982.

neste terceiro ponto, uma síntese dos dois primeiros, que é o desejo comunitário.

É bem isso a radicalidade desta simulação: dialogia ou vaivém constante da insubmissão (a heterodoxia) e da aceitação do mundo. Simulação um tanto romântica que consiste em não negar o mundo a partir de uma transcendência abstrata (religiosa ou política), mas, ao contrário, apreciá-lo em função de um imanentismo respeitável. Simulação um tanto libertária, aquela dos espíritos livres, que não se esgota em uma reconstrução do mundo, o que relativiza a paranoia política e a secundariza em relação a aspectos mais essenciais. Simulação enfim que não se contenta em lamentar-se do mundo, deixando os moralistas (aqueles que decidem o que "deve ser" a realidade) se queixarem, como esses chorões de inúmeras culturas, da suposta "miséria do mundo".

O desejo comunitário: síntese pós-moderna de pansofia e ecosofia.

O humanismo tradicional em sintonia com o espírito do tempo contemporâneo não quer negar, reconstruir nem reclamar daquilo que existe, mas viver, para o melhor e o pior, em suas alegrias e tristezas diversas, o real em suas múltiplas e cintilantes potencialidades. Esta aceitação, até mesmo celebração do mundo tal como ele é, e não como deveria ser, sendo a causa e o efeito da fraternidade humana. Isso que prefiro exprimir, a fim de dar mais amplitude ao fenômeno, por irmanação. Ou seja, o fato de considerar o *"estar-com"* como elemento essencial do animal humano.

Viver o real tal como ele é.

O que está em jogo, portanto, na abordagem iniciática, o que é também o coração do novo espírito do tempo, é a interação da razão e dos sentidos. Ou ainda uma complementaridade viva e prospec-

Para um espírito iniciático em harmonia com o espírito do tempo.

tiva entre o saber e a experiência. Trata-se, de fato, de transformar o conhecido em vivido. De elevar o material pelo espiritual, ao mesmo tempo reconhecendo que só há espiritual em função de uma constante encarnação. Quando se sabe a importância do joanismo na tradição maçônica, pode-se citar o versículo de São João: "E o verbo se fez carne" (João, 1:14).

É tal espiritualismo corporal que a exacerbação do racional em racionalismo não pode nem perceber, nem compreender, nem apreciar. Isso em que se desconecta do real vivido, ou da prevalência da experiência que caracteriza nossa situação pós-moderna. Daí a atitude desprezível ou, o que dá no mesmo, dogmática daqueles que continuam a nos servir até fartar suas velhas bebidas de gosto fortemente adulterado. Não se dão conta que se enrijecendo, esquecendo sua heterodoxia inicial, a razão soberana se acaba em um racionalismo mórbido, um legalismo fariseu e um "legaritarismo" totalmente defasado.

E tal atitude se encontra em diversos franco-maçons que, com ajuda da idade – e sabe-se que a velhice pode ser um naufrágio! –, se contentam em divagar sobre a "República una e indivisível", sobre a "laicidade", o "comunitarismo", os "valores republicanos", e outras tolices do gênero, tendo esquecido que, conforme seu princípio gerador, não é preciso divinizar nada, sob o risco de se tornar fanático. E, no entanto, o fazem. Com a pretensão que se encontra em todos os sectários, à maneira dessas *sábias*[10] das quais o grande Molière fez um estimulante retrato: "Ninguém terá espírito, afora nós e nossos amigos" (Ato III, cena 2).

---

[10] *Les femmes savantes* é uma comédia em cinco atos, escrita em versos, uma das peças mais populares de Molière. O texto no Brasil ganhou duas traduções: *As sabichonas* (2005), por Jenny Klabin Segall; *As eruditas* (2008), por Millôr Fernandes.

Uma inteligência não racionalista.
Ora, espírito há. E mesmo, cada vez mais, fora do racionalismo de que falamos. Isso que se encontra, à exaustão, na ebulição cultural e existencial que se desenvolve na horizontalidade da Internet. Onde o saber compartilhado, o "conhecimento ordinário", é bem o fato de um compartilhamento fraternal onde a palavra circula em uma comunicação sem fim. Comércio das ideias que traduz, fora dos caminhos batidos do conformismo, um inegável vitalismo que os velhos rabugentos de que falamos não podem suspeitar, *a fortiori*, apreciar.

3 - Um barroco exemplar

A circulação da palavra, que é justamente um apanágio do pensamento livre maçônico, se funda nesse vínculo estreito existente entre a razão e os sentidos. O conhecimento, esse "nascimento-com" as coisas, se contentando em exprimir uma comunhão com esse grande todo que é o mundo em sua inteireza. Pode-se, para ilustrar esta fecunda interação, fazer referência a isso que foi, no século XIII, o grande século de agitação cultural, o que se convencionou chamar de "exemplarismo", proposto por São Boaventura. O antropólogo Gilbert Durand, que fez uma análise aguda dos "mitos fundadores da franco-maçonaria", com frequência destacou o interesse de tal "exemplarismo"[1].

O exemplarismo do século XIII.

Este último, em oposição à dicotomização, própria do princípio de corte entre o mundo material (ou sensível) e o mundo inteligível, lembra que a divindade é um "perfeito exemplo" de todas as coisas. Assim, Deus ou outras metáforas, como o "Grande arquiteto do Universo", são maneiras de celebrar a Criação, de honrar aquilo que existe, de participar do Ser Supremo, ou seja, simplesmente, da Vida. Tal participação na totalidade do Ser mobiliza a inteireza do ser humano: os sentidos e a razão.

---

[1] Cf. Gilbert Durand, *Introduction à la mythologie, mythes et sociétés* [Introdução à mitologia, mitos e sociedades], Livre de Poche, 1996, p. 103.

A importância das imagens como comunhão com o mundo. É em função de tal "exemplarismo" que o franciscanismo vai dar uma grande importância, na liturgia católica, às imagens e à sua celebração. É em sua sequência que vai se elaborar a famosa Manjedoura, representando o nascimento de Cristo, de maneira a participar da exaltação do mundo. O mesmo ocorre com a Via Sacra, de importante papel no catolicismo tradicional, a fim de participar do desamparo, do sentimento de finitude anterior à reintegração em uma sobrevida eterna.

Não vamos mais adiante nesta simples alusão ao "exemplarismo". Bastava indicar em que a iconofilia favorece a participação na exuberância da criação. Entendo participação no sentido que lhe dá o etnólogo (Lévy-Bruhl), ou o psicólogo das profundezas (C.G. Jung), participação mágica ou mística que faz sair da clausura individual para comungar na própria profusão da vida mundana.

A iconofilia, expressão da energia coletiva: a importância dos cenários. Nesse sentido o barroco pode ser considerado, em seu surgimento, como uma aplicação secular, uma ilustração exacerbada desta iconofilia que, desde sempre e em todas as culturas, atormenta o animal humano[2]. Incita-o a compreender que ele não é solitário, mas sim solidário a tudo que o cerca; que ele não pode viver a não ser "fragmentando-se" no Outro; que é, sempre e de novo, trabalhado pelo desejo de ser "mais que um".

Esta sede de infinito que suscita a constante capacidade de mobilizar as profundas riquezas de nossa vida instintiva. Ora,

---

[2] Remeto à minha análise do barroco: *Aux creux des apparences, pour une éthique de l'esthétique* [No fundo das aparências: por uma ética da estética], reed. La Table Ronde, 2007, capítulo II: "La baroquisation du monde" ["A barroquização do mundo"], p. 166.

onde se exprime essa iconofilia irrepreensível senão na perduração litúrgica? Aquela dos rituais em particular. Ora, estes, em geral, e nas terras maçônicas em particular, só podem ser o que são se há "cenários" que exprimem a grandeza deles.

É comum que considerem cenários e decorações insignificantes, simples bibelôs de uso frívolo, até mesmo um pouco pueris. Isso apesar de, de um ponto de vista antropológico, darem a *terra*. Ou seja, conferem rigor ao que sem isso seria a irrupção desordenada de imagens descontroladas. Ora, o imaginário não é jamais anômico. Ele é movido por uma razão interna que tem uma lógica ao mesmo tempo precisa e intangível. Os "cenários" e decorações exprimem justamente isso. Como se espreme[3] o suco de laranja, é preciso extrair o suco interno de todo *viver-junto*: aquilo que faz a sua quintessência.

A esse respeito é interessante observar que, mesmo em pleno século XIX, no apogeu do racionalismo mórbido que se conhece, o protocolo e os "cenários" maçônicos traduzem, mais ou menos inconscientemente, o desgosto diante de um burguesismo que guarda do humanismo apenas princípios abstratos. Abstração que só engendra teorias abstratas que não suscitam mais adesão, ou uma moral universal que, em seu sentido simples, *desnatura* aqueles aos quais se endereça.

Do exemplarismo medieval ao protocolo maçônico, e outras expressões do espírito barroco, o que está em questão é a importância da "liturgia" para a estruturação individual e coletiva. A pessoa é o que é, a comunidade igualmente, quando aparecem como

A importância da liturgia para exprimir a "virtude" de uma comunidade.

---

[3] No original "exprime" aparece entre aspas remetendo ao "expriment" de "'décors' et décorations expriment" [cenários e decorações exprimem]. Em francês, o verbo "exprimer" designa tanto exprimir quanto espremer. (NT)

131

tais. Resumindo, aparecer dá a ser. Temática que se encontra de Nietzsche a Paul Valéry: *a profundeza se esconde na superfície das coisas.*

O que é, de fato, a liturgia, esta obra (*"ergon"*) pública (*"leitos"*), senão a teatralidade pela qual, e graças à qual, o corpo social se constitui como tal? É neste sentido que é preciso compreender o corporeísmo: uma encarnação do espírito. E, no protocolo litúrgico, do espírito comum. Manifestação da energia coletiva.

É o recurso a atos públicos, onde cenários, decoração, protocolo ocupam lugar de destaque, que permite ressaltar o que os romanos nomeavam a *"virtu"* específica de um povo em geral, de uma comunidade em particular. Virtude (*"virtu"*) como força interna ou energia específica que está no próprio coração do *Homo eroticus*, aquele do eros energúmeno, que, no jogo ou no cadinho das aparências, lembra que é preciso "exemplarizar", teatralizar, barroquizar aquilo que se é para lhe permitir existir. Talvez assim se deva compreender a bela síntese fenomenológica: a existência precede a essência!

A modernidade, em seu longo processo de abstração, tinha marginalizado os fenômenos, o fenomenal: eis que ele encontra uma nova energia na teatralização multiforme de nosso mundo contemporâneo. Mais uma vez, talvez defendendo seu corpo, os rituais e o protocolo maçônico são uma nova base para a construção pós-moderna em curso. Como é sempre o caso, é a partir da degradação, da desnaturação oriundas do intelectualismo abstrato moderno que surge a (re)novação de uma inegável iconofilia.

A renovação imaginal: a abordagem iniciática em vez da abstrata educação.

E como isso se manifesta senão pela abordagem iniciática? Ou seja, o que inspira, em *segredo*, uma vida vivida baseada na experiência secular.

De fato, em oposição ao aspecto delicado de uma educação abstrata, atitude perfeitamente inadaptada, tendo em vista que é vertical, que se contenta em ensinar de fora, a iniciação, que retorna ao inicial, vai, do interior e de maneira horizontal, pôr em marcha o emocional. Este, lembremos, não sendo uma característica individual (o que é o caso do emotivo), mas sim a manifestação de uma ambiência coletiva. Trata-se de uma atmosfera mental na qual se banha a pessoa. O emocional sendo, portanto, a resultante de forças acumuladas pela tradição. Isso que a expressão nietzschiana "forças retroativas" traduz bem.

Assim, em oposição à abstração iconoclasta característica de uma educação que ressalta a simples razão soberana, a iniciação é *concreta*. Posso lembrar a etimologia do termo concreto: "*cum crescere*", ou seja, "crescer com"? De fato, trata-se de, por meio de rituais, fórmulas repetitivas, formas redundantes e outras manifestações do protocolo, comungar com figuras. Abordagem "figurativa" salientando o fato de que a forma é formante[4].

É instrutivo observar que em francês o termo "formal" exprime precisamente o aspecto superficial de uma relação, uma situação, um fenômeno. Também, para destacar o aspecto profundo da superfície, eu tinha, em seu tempo, proposto o neologismo "formismo" para ressaltar a necessidade do exterior para assegurar a manutenção do interior. Um corpo é como é porque a pele engloba todos os elementos que o compõem e assim o fazem ser. Há igualmente cenários, protocolos próprios aos rituais que estruturam, em profunda superfície, todo corpo social.

A função "formante" dos cenários, da vestimenta, dos rituais: a expressão de uma ambiência emocional.

Aliás, desse ponto de vista, é instrutivo ver o importante papel que desempenha a vestimenta contemporaneamente. A

---
[4] P. Tacussel, *L'imaginaire radical* [O imaginário radical], Temps présent, 2010.

moda não é mais simplesmente o apanágio de uma feminidade mais ou menos marginalizada, mas recupera a centralidade que foi justamente a sua em todas as épocas barrocas. A vestimenta tem assim uma função agregadora: ela forma uma comunidade. Assim, em seu sentido forte, a forma (cenário, decoração, vestimenta...) tem uma função sacramental: torna visível uma força invisível. Ela é expressão da energia coletiva.

Nas ordens monásticas tradicionais, e isso qualquer que seja a religião, a "tomada de hábito" marcava a integração à comunidade, a comunhão com o conjunto dos valores comuns. Profunda superficialidade! De um nome um tanto sofisticado, mas não menos eloquente, chamava-se isso a "vestidura". A teatralização do corpo individual fortalecia assim a manutenção do corpo comunitário. É tal "vestidura" que se pode observar por todas as tribos urbanas. Qualquer que seja a especificidade, um *dress code* preciso é necessário a toda socialização digna desse nome. Trata-se aqui de um elemento essencial do espírito barroco que, por meio do cenário, estrutura, de um lado a outro, uma ordem simbólica.

E isso pondo em jogo a ambiência emocional suscitada pelo compartilhamento de imagens, de figuras que se enraízam fundo no inconsciente coletivo. Ambiência emocional que, como se sabe, apela ao que é instintivo, arquetípico. É o sensível, e não simplesmente o racional, que é solicitado. E isso não sem suscitar fantasias diversas. É assim divertido de ver um plumitivo qualquer que, em nome, predestinado, de "La Hire", derrama sua cólera denunciando nas colunas de um jornal católico da época, *La croix du dimanche*, as aparições de Satã durante as reuniões maçônicas, contudo totalmente racionais[5].

---

[5] Cf. J. Baylot, La voie substituée [A via substituída], Dervy, 1985, p. 17.

Fantasias instrutivas que veem o diabólico em todos os fenômenos que escapam, mais ou menos, à dominação da razão. Nos dias de hoje, serão suspeitos de satanismo as aglomerações *techno*, as práticas do New Age, o desenvolvimento do xamanismo, das sexualidades tântricas, da difusão da astrologia, ou de outras manifestações de culto de possessão como o candomblé afro-brasileiro!

Longe das suspeitas, denúncias e diversos medos, que apenas exprimem uma doentia insegurança, é preciso justamente saber manter a razão. E assim reconhecer que, à imagem do que dizia Nietzsche em seu deslumbrante *Nascimento da tragédia*[6], a cultura nascente necessita de "figuras incisivas" como sinais de reconhecimento que permitem confrontar o sentimento de pertencimento a uma comunidade. É assim que A. Comte pontuava o cômputo litúrgico de sua "religião da humanidade" com essas grandes figuras: filósofos, poetas, legisladores..., que marcaram, ao longo da história, o destino da espécie humana. Não é de se alarmar se tais figuras emblemáticas solicitam ao mesmo tempo a razão e os sentidos.

Habituados a uma lógica dedutiva ("tudo vem do intelecto"), é difícil compreender que a imagem seja indutiva: vem do "baixo", dos sentidos; das emoções e paixões compartilhadas. Não se pode mais, portanto, se contentar com a crítica, ou seja, sempre dizer "não" à vida. Há na ordem simbólica, pondo em jogo figuras, imagens, ritos, qualquer coisa de afirmativa. Uma maneira de dizer "sim" à existência, ao real cheio de todas as potencialidades humanas. É nesse sentido que o espírito barroco, figurativo, "exemplarista" da abordagem iniciática, está em congruência com a força das imagens que estrutura, na vida

---

[6] Nietzsche, *Naissance de la tragédie*, Pléiade, 2000. Ver também A. Comte, *Le calendrier positiviste* [O calendário positivista], Fata Morgana, Posfácio Patrick Tacussel, 1993.

cotidiana, todos os contemporâneos. Daí a necessidade de saber acompanhar tal processo.

Estão eles, os franco-maçons, conscientes de deter tal *tesoro nascosto*? Não é certo. Tanto é verdade que, nesses tempos de desesperança, a delicadeza superficial está em voga. Além disso, a covardia intelectual é um valor que hoje tende a se propagar. E é verdade que não é com ideias curtas que se pode compreender bem a mudança civilizacional em curso.

Saber reconhecer o tesouro escondido, além ou aquém da economia política.

Mas se a consciência é débil, o inconsciente coletivo pode perdurar ao lado, até mesmo em oposição aos membros da sociedade. Paradoxo apenas aparente, pois, ao contrário do que nos quis fazer crer nosso racionalismo mórbido, uma cultura preexiste e sobrevive àqueles que são seus detentores. Não é isso a tradição?

E esta preexistência perdurante se exprime justamente nisso que chamei de barroco "exemplarista". Ou seja, a solidez dessas grandes *figuras* que são as encarnações do espírito maçônico e que asseguram, no longo prazo, a forma hiperestetizada do espírito comum: a *egrégora*. A grandeza desta está em se contrapor ao materialismo dominante. Aquele de um mundo quantitativo que, por gravidade institucional, esquece que só importa o qualitativo.

Sua grandeza está em relativizar a política, naturalmente, mas também o político. Pois a abordagem iniciática "sabe", de um saber incorporado, aquele transmitido pelas grandes figuras da tradição, que a *forma* política é bem estreita para conter as múltiplas aspirações da espécie humana. Esta *forma* é sobretudo esquecida do enraizamento dinâmico do espírito que é o real fundamento de toda verdadeira cultura, simplesmente aquela do *estar-junto*.

Um tesouro em sintonia com as aspirações das novas gerações ao qualitativo.

É tal inconsciente coletivo iniciático que está particularmente em sintonia com o imaginário de nossos contemporâneos, que cada vez mais protestam aberta ou silenciosamente – mas isso importa? – contra uma decadência agora evidente. É impressionante ver, em particular, como as novas gerações estão em rebelião contra a secura intelectual e não pretendem mais se projetar para hipotéticos futuros (isto que é o próprio princípio da política ou do político), mas preferem, radicalmente, assumir seu lugar no real, que inclui o irreal de seus sonhos, desejos, em resumo, nisso que é vivido com outros em uma fraternidade indefinida.

A base tradicional, que se exprime nas grandes figuras de que falamos, assim como no apetite pelos rituais e diversos protocolos, tudo isso permite encontrar a fonte de um lirismo do qual a atualidade dá múltiplos exemplos. Além de uma educação antiquada, para a abordagem iniciática, é também uma maneira de convocar uma energia, um elã vital, feitos de grandeza e frescor juvenis. Todas essas coisas que caracterizam o retorno do mito do *puer aeternus*, a eterna criança. Aquele do constante aprendiz que alia a capacidade de raciocinar ao suporte do emocional.

Aqueles que podem compreender compreendem. O inconsciente coletivo do momento tem dupla entrada: permanência do tesouro maçônico, em algumas sociedades de pensamento, e apetite, nas novas gerações, pela abordagem iniciática.

A conjunção dos dois pode ser particularmente explosiva. Ela é, em todo caso, alternativa a esse nivelamento das diversidades que caracterizou a modernidade e conduziu ao enfraquecimento das solidariedades naturais. O que levou, é isso a Crise, à desvitalização de uma civilização, aquela dos tempos modernos. Alternativa, pois, na afirmação ritual das figuras da tradição, se exprime a força da irmanação popular. Desse popular assustador, que se qualifica facilmente de "populismo", e que, no entanto, é o lugar das formas tradicionais de solidariedade e de generosidade vividas na vida de todos os dias.

É assim que se pode compreender esta frase ritual: "Reunir o que está disperso". Trata-se, de fato, de um estilo integrador. Digo "estilo", em seu sentido forte, isso com que um imaginário é escrito ("estilógrafo") e apontado ("estilete")[7], ou seja, o que o caracteriza. Nesse sentido, contra a vã acidez que rompe, divide, acidez depreciativa, que culmina nisso que um sociólogo chamou de a "distinção", contra isso, portanto, prevalece a dinâmica do encontro.

Os rituais e a iniciação fortalecem o sentimento de pertença, a energia do viver-junto.

Assim, contra o sectarismo partidário próprio da lógica do(a) político(a), o exemplarismo das figuras não padronizadas fortalece a potência do sentimento de pertencimento. Fato este que permite acessar um estágio superior da fraternidade, que favorece a elevação do espírito, o crescimento da alma coletiva (de novo a *egrégora*), e participa de um "reencantamento do mundo"[8] proporcionado pela memória imemorial da tradição. É tudo isso que restitui um aspecto carnal à cultura do *viver-junto*, que se encontra ao mesmo tempo no humanismo e no tribalismo pós-moderno.

Desse crescimento da alma coletiva, outra maneira de dizer a reaparição do sentimento de pertença, encontra-se uma pre-

---

[7] No original, o autor trabalha com a raiz comum das palavras style [estilo], stylo [lápis/caneta], stylet [estilete], por isso a opção por "estilógrafo" (caneta-tinteiro) aqui. (NT)

[8] Ver meu livro: M. Maffesoli, *Le réenchantement du monde: une éthique pour notre temps* [O reencantamento do mundo: uma ética para nosso tempo], Table Ronde, 2007, Anexo: "Excursus sur l'initiation" ["Excurso sobre a iniciação"], p. 185, sq.

figuração no *Fedro*, de Platão, em que ele destaca a ambivalência dinâmica entre o "corpo de terra" e o "corpo alado". Os rituais são tradicionalmente uma maneira de estabelecer uma conjunção entre esses dois corpos. As práticas ritualísticas exprimem melhor um materialismo espiritual, ou um corporeísmo místico. O que dizer senão que o corpo do animal humano só existe se é, *stricto sensu*, um *corpo animado*?

Há uma interação, uma reversibilidade, que é a causa e o efeito da inteireza do ser. Inteireza que é o centro da abordagem iniciática, e que se encontra, de maneira difusa, no desejo de nossos contemporâneos pelo qualitativo, na importância maior da criatividade, nisso que vai, além da concepção burguesista da economia, valorizar o "preço das coisas sem preço". Em tudo isso, o "corpo de terra" e o "corpo alado", vivendo em sinergia, constituem um imaginário dinâmico onde, além da sinistrose própria do conformismo do *establishment*, se exprime uma vitalidade de qualidade, garantia certa de uma (re)novação cultural.

Fazer referência aos rituais, às fórmulas ritualísticas, e outras redundâncias cotidianas, pode parecer, pode ser antiquado, caduco! E, no entanto, fazendo ou não menção a isso explicitamente, é bem o que estrutura, sub-repticiamente, toda nossa vida cotidiana. Por meio de atos e palavras repetitivas, trata-se de uma maneira não consciente de enfrentar o destino. Não negar ou recusar a morte, mas homeopatizá-la. Justamente ritualizá-la. Viver sua morte de todos os dias.

O ritual como modo de domesticação da morte.

Ritualizar a morte simbólica, teatralizá-la, é uma constante em muitos ritos maçônicos, mas se vai igualmente encontrar isso em diversas formas culturais contemporâneas: coreografia, música, pintura e até arquitetura. Tudo isso define um estilo que é condescendente e que assim pode eliminar as evidências do conformismo, as rotinas filosóficas e outras formas de conforto intelectual.

É bem a sabedoria imemorial da tradição, que sabe reconhecer sob formas anódinas, aquelas de um ritual repetitivo, a perduração dos "tipos" eternos, a continuidade vivaz dos arquétipos. Ora, a característica destes: arquétipo (cf. C.G. Jung), "ideal-tipo" (Max Weber), "indivíduos históricos" (Hegel), e a lista está longe de ser fechada, o que se tenta dizer com isso é a inteireza, a interação da vida e da morte, do dia e da noite e outras reversibilidades próprias da complexidade humana. É, para retomar expressões de Gilbert Durand, a ligação dinâmica do "regime diurno" e do "regime noturno" do imaginário.

Do "meio-dia à meia-noite", é o claro e o escuro da vida que passam em uma dinâmica sempre e de novo renovada. É também a lenta criação coletiva que, na cadeia do tempo, moldou a cultura que recebemos de herança. É esta tradição, fundamento da filosofia progressiva que se redescobre em nossos dias. É isso mesmo que estimula igualmente a reatualização de um ideal comunitário: a "lei dos irmãos" pós-moderna!

IV
A lei dos irmãos

Passamos da época do Eu para a época do Nós.
M. Heidegger

1 – Uma ordem simpática

Sem dúvida, a invenção do indivíduo foi a essencial característica dos tempos modernos. E se pôde ver, nos últimos três séculos, impor-se, pouco a pouco, a atomização e o subjetivismo. O todo que culmina nesta gregária solidão que é a marca primordial das megalópoles contemporâneas. Mas na lenta agonia do burguesismo – não é isso a Crise? – tal individualismo epistemológico está passando o posto. Ao quê? A quem? É preciso, no momento, usar de metáforas para dizer o que está em gestação. Ou seja, transportar imagens tomadas num contexto cultural passado, mas que permitem compreender uma questão contemporânea. É assim que, de minha parte, havia falado do *Tempo das tribos* (1988). Pouco importa o termo. Basta, no devir espiralesco do mundo, que se esteja em condição de reconhecer a emergência de um novo paradigma: a (re)novação de um *viver-junto* que privilegia o ideal comunitário, a irmanação ou outra maneira de existir apenas por e em função do outro. O *estar-com*, de fato, está na ordem do dia. E é nisso que convém pensar. Sempre e de novo.

Busca que nunca está acabada. Em particular num momento em que a opinião dos "sabedores" repete, à exaustão, frases sem sentido – não é a sua especialidade? – como esta: "considerando o individualismo contemporâneo". Isso em que a elite defasada mostra bem que é obsoleta, pois basta abrir os olhos para observar, em nossas ruas,

O fim do individualismo, o retorno do ideal comunitário.

que, para o bem ou para o mal, as tribos estão de volta. E não apenas alusivamente, é preciso destacar a importância dos *sites* comunitários, o papel dos fóruns de discussão e outras expressões da cibercultura para se dar conta de que o que prevalece é exatamente o *principium relationis*. Estamos sempre em relação. A *religação* é bem o elemento essencial do momento.

Mas lembremos, àqueles muitos que se contentam com opiniões curtas, isso que é a radicalidade do verdadeiro pensamento. A busca pelas raízes nos conduz muito longe na memória dada pela tradição. Tradição que mostra que existe uma poética da fraternidade. É isso que se encontra no tesouro maçônico. É isso que pode nos ajudar a responder o desafio lançado pela socialidade pós-moderna.

O princípio de relação é coisa muito antiga, encontrada em todos os tempos e em todas as culturas. É causa e efeito do *"zoon politicon"* aristotélico. Ressurge, regularmente, quando os analistas mais críticos da coisa política lembram o papel subterrâneo mais constante desta *affectio societatis* que assegura ao longo do tempo a manutenção e a solidez do *viver-junto*. É aliás quando cessa essa atração civil, feita de emoções e paixões compartilhadas, que começa a decadência de uma civilização. Aí está a origem de sua mortalidade.

Jean Jaurès, que enquanto político não esquecia seus fundamentos filosóficos, fala de um gênio "simpático" que, tal um fio condutor resistente, percorre toda a vida social. Ele era produto dessas fortes humanidades clássicas. E "gênio", sob sua pluma, remete certamente a esse *"genius"* latino. A saber, esse que enraíza todos em um *"gens"* específico. Ou seja, uma comunidade onde o sentimento de pertença constitui, de maneira inconsciente, a ética (*"ethos"*: "cimento") que assegura a solidez da arquitetura societal.

A superação de um racionalismo onisciente: o retorno da empatia. Esquecêramos tal componente! A conjunção do progressismo e do racionalismo havia considerado que tudo isso era dialeticamente "ultrapassado". E que a futura sociedade perfeita se basearia apenas nos fundamentos seguros da razão soberana. E não é que a progressividade humanista e o emocional, que é seu correlato, não deixam de destacar que os afetos permanecem as pedras de toque que permitem verificar a autenticidade de toda vida em comum!

Aliás, é instrutivo observar o retorno com força de termos como "simpatia", "emocional", "compassivo", "empatia", e se poderia, sem pressa, prosseguir uma lista nesse sentido. Tantas palavras que não parecem pertinentes nos sucedâneos teóricos, esses oriundos do materialismo teórico, que predominaram nessas escolas de formação de militantes políticos que se travestem sob o nome de faculdades de Ciências Sociais!

Ora, são palavras que, utilizadas com discernimento, podem tornar-se *palavras* fundadoras. Muito precisamente na medida em que dizem, com justeza, o que é vivido. E, desse ponto de vista, é certo que a empatia volta a ser, sob vocábulos diferentes, um instrumento importante para compreender, em profundidade, todos os ajuntamentos contemporâneos: musicais, religiosos, políticos, esportivos, que pontuam a vida de nossas sociedades.

O espírito fraternal, a irmanação. Também, para compreender sua pertinência, talvez não seja inútil retornar a esta base maçônica que era o companheirismo para os maçons operativos, no qual se fundaram, a partir do século XVII, as diversas constituições que ordenam a abordagem iniciática. Em particular por isso que concerne à antiga e tradicional noção de "irmandade", que se torna depois "fraternidade", o que nomeio de "irmanação" a fim de lhe restituir sua dimensão afetiva.

Nesses termos se exprime a desconfiança do que vem de cima, a política dedutiva. Isso a que se opõe o espírito fraternal que é fundamental: proveniente do baixo. Espírito fraternal causa e efeito de um método indutivo que remete à experiência, ou seja, à vida vivida, e não simplesmente a racionalização desta em sistemas abstratos cuja obsolescência não é mais um mistério para ninguém. Ou ao menos para aqueles que, com lucidez, se purgaram das teorizações antiquadas que cheiram, mais ou menos bem, a um século XIX que não acaba de se acabar.

Base, portanto, que se encontra na sabedoria maçônica. Pedra de toque nas práticas juvenis pós-modernas que permite verificar o que é autêntico no *viver-junto*!

Observo, sob a pluma de Frédéric Mistral, esta bela expressão: "Nós fazemos nossas festas"[1]. Tradução em francês culto de um termo da língua occitana[2], da qual se encontra equivalente em todas as línguas neorromanas, e que exprime bem o componente afetivo de todas as relações com a Alteridade. Seja esse Outro aquele da tribo, aquele da natureza, até mesmo aquele do sagrado.

Nesse sentido, a "irmanação" é estar em constante simpatia com todos os seres. Estar em relação com a vida em geral. É totalmente desprovido de fundamento ver aí o que constituía para Augusto Comte o "Grande Ser"? Expressão que exprime bem para o inventor da sociologia o movimento perpétuo que une os vivos e os mortos em uma concatenação sem fim e em uma reversibilidade constante. Sua "Religião da Humanidade"

---

[1] F. Mistral, *Mémoires e récits* [Memórias e relatos], Li. Plon, 1906, p. 219.
[2] Prêmio Nobel de Literatura em 1904, Mistral escrevia em occitano, língua falada no Sul da França, em Mônaco, em regiões da Itália e da Espanha.

é a sua resultante, que justamente se dedicava a descrever a interação permanente existente entre todos os elementos, atuais ou passados, disso que constituía a existência humana.

Elaboro a hipótese de que a comunidade dos irmãos, esta grande temática da fraternidade, na sabedoria maçônica, é a maneira de exprimir esse mecanismo de religação, física e espiritual, graças ao qual se persegue, de maneira obstinada, a construção do templo. Seja este individual ou coletivo. A irmanação, portanto, nada mais é que considerar o amor elemento fundador de todo *viver-junto*.

Para dizer isso, retomemos a expressão de Max Scheler: "*ordo amoris*", ou aquilo que chamei de "lei dos irmãos". Pouco importa. Basta destacar que a (re)novação da ordem simbólica, aquela da interação, da reversibilidade, da complementaridade, etc., lembra a importância do imaterial ou do espiritual na vida de toda sociedade. Tal ordem simbólica é perfeitamente ilustrada pela "corrente de união" que encerra as reuniões maçônicas. Corrente que simboliza a continuidade da espécie humana pela sedimentação dos afetos, o compartilhamento das emoções e a reversibilidade que, ao longo das eras, assegura a solidez da vida em comum.

Aprendizagem maçônica: é a alteridade que me cria.

É a alteridade que me criou! Heidegger tinha, sinteticamente, escrito isso: "Vivo sempre fora de mim. É uma doença incurável; seu nome é alma". É a alma do mundo da qual o amor é o caráter essencial.

Mas continuemos o mais perto possível de sua análise. Por mais abrupta que seja, ela incita a uma meditação essencial sobre o sentimento trágico da vida. Assim: "O deslizamento é um conceito ontológico de movimento. Onticamente, não está fixado se o homem 'engolido no pecado' está no *status corruptionis*, ou se se move no *status integralis* ou se encontra em um estágio intermediário, o *status gratiae*"³.

O "deslizamento", outra maneira de dizer o trágico da existência humana. Mas entre a corrupção e a reintegração, pode haver esse momento de graça que dá uma significação profunda e certo gosto à vida. É a lição essencial da aprendizagem maçônica: aprender a enfrentar o destino. E isso pela ritualização das provas e da morte simbólica a fim de alcançar um domínio que permita acessar o mais íntimo do Ser: o ser individual ou o ser coletivo. Abordagem iniciática que é a causa e o efeito de uma inegável virtude vital.

Mas essas provas que pontuam a iniciação, assim como a aprendizagem da morte simbólica, em resumo, o enfrentamento ao destino, não são, como foi o caso durante a modernidade, característica do indivíduo isolado. A tradição e o trabalho ritual recriam, no seio da pós-modernidade, o que foi uma especificidade da pré-modernidade: uma abordagem comunitária. Em oposição ao indivíduo igualitário, o que está em jogo é bem mais a afirmação de uma *singularidade aristocrática*. O ritual, em sua constante referência à memória sedimentada da cadeia do tempo, à corrente de união, só pode ser vivido entre muitos; entre irmãos.

Nesse sentido, a irmanação consiste em se enobrecer mutuamente. Mostrando assim que, ao contrário daqueles que são obcecados pela miséria do mundo, tudo não são sentimentos baixos nas relações com os outros, nas relações sociais. Na busca comum da "palavra perdida", os espíritos se depuram reciprocamente. E desse modo aprendem a não ser hipócritas uns com os outros. É este o desafio de um pensamento do destino.

---

³ M. Heidegger, *Être et temps* [Ser e tempo], Gallimard, 1986, p. 227 (S2 p. 180).

O *status gratiae*, este estado de graça oriundo da religação fundamental que une as pessoas à alteridade: aos outros da comunidade e ao outro que é o mundo. A abordagem maçônica é uma ontologia da relação!

Estar-junto para estar junto.
Revigorante lição a deste pensamento de um destino encarado, aristocraticamente, para muitos, entre irmãos. Lição que não se quer entender, tanto é verdade que a inteligência moderna gosta de ser enganada por ideias prontas e outras teorias herdadas do século XIX. Século que deu uma forma profana ao Deus Todo-Poderoso: o Estado-Providência, e que elaborou um clero para servi-lo: a burocracia celeste da tecnocracia. E ser prisioneiro desses sistemas obsoletos impossibilita compreender o inconsciente popular ou, o que dá no mesmo, o imaginário do momento.

É, de fato, ser extravagante em vez de continuar a repetir sermões progressistas lamentáveis. É bem mais pertinente identificar o tesouro da filosofia progressiva: a verdadeira vida não está em mim, mas no outro. Dito de outro modo (que compreende aquele que pode): "Meus irmãos me reconhecem como tal".

Há banalidades de base que é preciso dizer e repetir. Essas experiências que a opinião dos sabedores se obstina a negar ou recusar. É isso que os espíritos livres nomeiam de "arquétipos", "instintos", "estruturas antropológicas". Segundo V. Pareto, isso que se pode nomear um "resíduo". Nesse sentido, *estar-junto* para estar junto. É este o coração da irmanação maçônica. É esta igualmente a característica essencial do neotribalismo pós-moderno e do ideal comunitário que lhe é comum. Em uma palavra, um *"estar-com"* sem finalidade nem emprego, senão pelo simples prazer de ser.

Mas como é bem difícil assumir tal prazer de estar com o outro, é frequente, para dizê-lo trivialmente, "pôr um molho".

É isso a ideologia: *corpus* de ideias que se empregam para legitimar, racionalizar o fato bruto. Aquele do amor, da amizade; aquele do *estar-com*. Por exemplo, a *irmanação* instintiva torna-se *fraternidade* ideológica. Em si, nada mais normal. É uma especificidade de nossa espécie animal dizer o que se vive: as "palavras e as coisas". Ainda é preciso que esta "verbalização" não faça esquecer o instinto primário, o resíduo, que permanece primordial. De fato, as ideologizações se tornam rapidamente caducas. Já o substrato emocional permanece perene.

É aí que o *tesouro maçônico* é sempre fecundo, na medida em que lembra, ao longo do tempo, que o que faz a virtude, ou seja, a força inicial do *viver-junto*, é exatamente a irmanação fundamental. E que é a partir desta que se elaboram as diversas formas de solidariedade e de generosidade que asseguram o fio condutor disso que um pensamento autêntico chamará de "socialidade". Ou seja, a resultante de todos os afetos, todas as emoções e paixões, e das razões que são a base de todas as civilizações. O que se pode resumir pelo oximoro da "razão sensível"[4].

É preciso aceitar o aspecto geminado de nossa natureza humana: a razão e os sentidos. Talvez mesmo primeiro os sentidos e depois a razão. Resíduos e derivações. Arquétipos e ideologias. O pensamento e a razão tecem os laços secretos do *estar-com*. A irmandade, a solidariedade e – para dizer com um termo oriundo da sabedoria maçônica – a "egrégora" são os três pontos fundamentais de um pensamento do destino humano. Um enfrentamento do destino em que o "nós" substituindo o "eu" permite compreender, ao longo do tempo, a perduração da espécie.

O tesouro da franco-maçonaria: a benevolência como princípio organizador.

---

[4] Ver o desenvolvimento que faço disso em M. Maffesoli, *Elogio da razão sensível*, Vozes, 1998.

A *lei dos irmãos* postula, ou antes, reconhece, com exceções notáveis, claro, que não é a raiva que liga fortemente os homens, mas a benevolência. Certamente, o quantitativo, sob suas formas econômicas ou políticas, existe bem. Às vezes até – este foi o caso durante o burguesismo moderno – prevalece. Mas há alguma coisa de mais "arcaica", em seu sentido etimológico: "o que é principal e fundamental" é a questão do qualitativo. Preocupação fundamental do *estar-com* que concilia a prioridade com os valores espirituais: filosóficos, éticos, intelectuais, dos quais é constituído o imaginário de uma determinada época.

É isso o maravilhoso "segredo" da sabedoria esotérica que se encontra no pensamento maçônico, e que se encontra em toda uma série de fenômenos exotéricos contemporâneos.

Se não se tem isso em mente, como se pode compreender a religiosidade contemporânea, o gosto pelos sincretismos de todas as ordens, o desenvolvimento exponencial das práticas místicas e das múltiplas abordagens iniciáticas? Sem dúvida, há em tudo isso formas exageradas, paroxísticas e degeneradas. Não menos certo é que, com a ajuda da Internet, se assista à mercantilização de uma espiritualidade de bazar. E o sucesso dos vários livros edificantes ou de autoajuda destaca os evidentes perigos da vulgarização exagerada. Não se pode negar, não mais, que a profusão de livros de série B relacionados com a franco-maçonaria participa igualmente desta orientação desviada da sabedoria tradicional.

Mas aí não está o essencial. Ou ainda, se podem considerar esses fenômenos como sendo as manifestações exteriores, e, assim, um tanto usadas, de um movimento de fundo mais sério. Aquele de um inconsciente coletivo que acentua isso que era, até então, considerado como frívolo ou de importância secundária: a vida do espírito.

Esta que se exprime na recrudescência do voluntariado, que é preciso aqui entender em seu sentido pleno. Mas igualmente no retorno com força do caritativo, sem esquecer todas as formas de "compaixão" cujo interesse reside menos em sua eficácia que na significação profunda que elas assumem, para aqueles que delas participam dando tempo, dinheiro e, sobretudo, investimento afetivo.

É tal segredo que, simultaneamente constituindo a socialidade pós-moderna, se enraíza na abordagem iniciática. É esse segredo que estabelece uma ligação estreita entre a ordem simbólica e a ordem simpática, que constituem, ambas, a ossatura do humanismo integral. O qualitativo, como alternativa ao quantitativo, é estar atento às alegrias e aos sofrimentos próprios da nossa espécie animal. Mas é também reconhecer a vaidade dos sucessos excessivamente mundanos. Sem esquecer, naturalmente, que nos encontramos, um dia, diante da "fossa final".

É tudo isso que se aprende da sabedoria incorporada tradicional. É tudo isso que fortalece a irmanação e a solidariedade proveniente dela. É tudo isso que faz do enfrentamento do destino um desafio comunitário.

2 – O mistério da trindade

Não é o constante combate de toda cultura que renasce ao conseguir se purgar das teorias obsoletas que modelaram a civilização que está se acabando? Isso, porém, nunca é fácil. Tanto é verdade que é humano preferir, para as gerações envelhecidas que têm as rédeas do poder, as certezas adquiridas, úteis à cabotagem sem risco, mais que adotar pensamentos audaciosos que podem favorecer à navegação em alto-mar.

É assim que se permanece encrustado nos preconceitos individualistas, e é isso que nos torna cegos para o retorno com força de uma ancestral fraternidade.

Penso que se pode falar de um individualismo epistemológico que foi a marca essencial da época moderna. É bem a ossatura do contrato social e do racionalismo que foram a causa e o efeito do progressismo em curso em todas as instituições elaboradas por esta bela e performática ideia que foi aquela de uma república una e indivisível. República una não sendo senão o espelho onde se podia refletir um indivíduo ele próprio unificado. E que, a partir desta identidade, isolado na fortaleza de seu espírito, podia contratar, em todos os domínios, com as outras fortalezas (os outros indivíduos isolados) para construir a sociedade. Bela teoria moderna!

Mas não é com argumentos que se faz a conquista do presente. É apelando à força imaginativa que os aventureiros inventam o novo mundo. Repito "inventar", pois

A simpatia, entrar em ressonância com os outros.

se trata de fazer vir ao mundo ("*in-venire*") o que já está nele, e que nossos preconceitos teóricos, nossas opiniões sabichonas nos impedem de ver. E, no entanto, é mobilizando a sensibilidade profunda que se pode estar em condição de reconhecer, ao mesmo tempo, o fim de um mundo e o renascimento de outro. Cada fim de ciclo se encontra confrontado com este idêntico problema.

E para bem identificar os contornos do desafio comunitário, o recurso à sabedoria maçônica não é necessariamente inútil. Com efeito, é a partir de uma memória antiga que ela lembra a eficácia da "lei dos irmãos". A importância disso que Goethe chamava de "afinidades eletivas" sendo a fonte desta volúpia própria do risco comum. É bem nisso que se baseiam todas essas buscas ininterruptas que traduzem uma sede de infinito da qual os cavaleiros da Távola-Redonda representam a metáfora absoluta. Mesa redonda das trocas, do compartilhamento e do prazer, sempre renovado, de estar junto.

Portanto, o sentimento de simpatia é o mais seguro instinto da fraternidade. Instinto que tem sua própria eficácia, pois é enfrentando em grupo o destino, as provas e a morte que se assegura a perduração da vida. Sentimento de simpatia que leva em conta, no máximo, o patético de toda existência, experimentando isso que sabe a sólida sabedoria da tradição: "*ad augusta per augusta*", "Só se vai em direção a grandes coisas passando por vias tortuosas e arriscadas".

De minha parte, insisti sobre a função iniciática da aventura. O nomadismo é uma estrutura antropológica que assegura a preservação das pessoas em particular, e a da espécie, em geral[1]. Nos rituais

A aventura iniciática: uma forma do nomadismo pós-moderno.

---

[1] Ver meu livro: M. Maffesoli, *Sobre o nomadismo: vagabundagens pós-modernas*, Record, 2001.

maçônicos as "viagens" têm a função de teatralizar as provas e a morte a fim de elevar a vida em sua inteireza. O nomadismo aventureiro vivido em comum permite a reintegração em um mais-ser pessoal porque comunitário.

Os rituais *stricto sensu*, assim como nas reuniões profanas, recorrem ao obscuro, ao "regime noturno do imaginário" (Gilbert Durand), e por isso o homeopatizam. Ou seja, o tornam "passável", o fazem participar deste "claro-escuro" que é toda existência humana.

Tal homeopatização é vivida em toda consciência nos rituais que se conhecem, mas a encontramos também, difusa, na saga do aprendiz de feiticeiro Harry Potter, nas grandes festas *techno* e nas múltiplas *raves* musicais, sem esquecer os *flash mobs* graças aos quais tudo é motivo para reunir de maneira inesperada e sempre arriscada. Em todos esses casos, ao contrário do individualismo moderno, o que está em questão é uma expansão de um Eu, excessivamente estreito, em um Nós, reciprocamente, mais potente.

É exatamente de potência que se trata. Pois o que se afirma, na celebração ritualística da fraternidade, é a continuidade do espaço e, portanto, da vida. Há risco, não esqueçamos, no nomadismo aventureiro, como há também em toda busca do Graal. Mas sendo assumido e vivido em comum, ou seja, sendo ritualizado, fortalece a plenitude da vida.

Como isso? A característica do ritual é ser repetitivo. Ele faz e rediz sempre a mesma coisa, é, de algum modo, um animal estruturalmente repetitivo. Mas, para dizê-lo aqui apenas alusivamente, pois será necessário voltar a isso, a repetição instintiva assumindo a animalidade permite evitar a bestialidade! É bem este o papel que Aristóteles atribuía à catarse: um uso moderado que produz uma purificação, uma purgação da par-

A força catártica do ritual

te sombria, que é estruturalmente parte interessada do animal humano.

Exteriorizando os aspectos emocionais, retiram-se, ou ao menos relativizam-se, suas cargas mortíferas. Assim, embora no higienismo ambiente (na secularização excessiva que tende a prevalecer em nossos dias) algumas "belas almas", bem mal inspiradas, tentem erradicar toda forma de trote, essas provas de iniciação perduram. É o que comprova uma inegável saúde instintiva que sabe, de saber incorporado, que vale mais se purgar do aspecto animal que nos constitui que correr o risco de vê-lo tornar-se hegemônico, ou seja, "bestial", e, portanto, incontrolável.

O paradoxo da memória da tradição, tal como se exprime nos rituais de purgação comunitários próprios à irmanação, é que, vivendo da acumulação das riquezas do passado, permite viver melhor no presente. Nesse sentido, os rituais maçônicos, como os rituais profanos vividos pelas novas gerações, e aos quais fiz referência, são uma maneira de repatriar no instante o desejo de eternidade que nos atormenta sempre. No ritual o instante torna-se eterno. Novamente o *mais-ser* do ideal comunitário!

Por meio da irmanação/fraternidade, é consequentemente de continuidade que falamos. Desse ponto de vista, o ritual, aquele da religião *stricto sensu*, da empresa secular maçônica, das práticas juvenis profanas, é essencialmente integrador. Integra à comunidade, à espécie, à natureza, ou mesmo a esse sacral do qual não se pode fazer economia, e ao qual será necessário retornar. Integração, reintegração ou outras expressões que traduzem o desejo holístico que, de maneira constante, reaparece ao longo das histórias humanas. Holismo pré-moderno, holismo pós-moderno, que ultrapassa a separação, o corte e outra distinção que, com mais ou menos interesse, se encontra nos sistemas teóricos modernos.

Holismo, enfim, que se exprime no (re)nascimento da solidariedade orgânica. É isso esta *affectio societatis* que baseia o vínculo social ou o bem comum não em teorias abstratas, mas no instinto que impulsiona as pessoas a compartilhar, a ajudar, ou seja, a se ligar ao outro. A solidariedade mecânica, aquela das instituições sociais que se elaboraram ao longo do século XIX, estando saturada, veem-se retornar, na vida cotidiana, formas de reciprocidade dadas como ultrapassadas, que constituem o próprio fundamento do *"estar-com"*. É isso a vida orgânica.

Organicidade que, lembremos, se enraíza fundo na tradição que o humanismo integral, aquele das sociedades iniciáticas, preserva como um *tesouro secreto*, mas comum a todos: precisamente na medida em que irriga – sem que se esteja necessariamente consciente disso – o corpo social em sua totalidade.

Posso precisar que existe, em geral, uma estreita imbricação entre o legendário e o histórico? É isso que o racionalismo moderno tem dificuldade em aceitar, mas que a atualidade ilustra em abundância. Assim, é interessante observar hoje o retorno dos contos e lendas, das belas histórias de épocas passadas, em resumo, da mitologia. As artes se nutrem dela à vontade. O renascimento do legado o comprova. O folclore e os festivais populares também se alimentam dela. Há até açougueiro de esquina que para vender sua carne escreve na fachada: "A força está em você". Igualmente o vendedor de vinhos do bairro intitulará sua loja: *"Aux dix vins"*[2]! Seria fácil ver como a publicidade, todos os produtos confundidos, bebe na mesma fonte mitológica.

Uma realidade enriquecida pela tradição e pela força do mito.

---

[2] Literalmente, aos dez vinhos. A expressão explora a homofonia com *"au divin"* [ao divino]. (NT)

Não há razão para ironias nem para criticar isso. É mais sensato ver como tantos indícios pontuam ("*index*") a permanência do legendário na vida cotidiana. A atração, e se pode mesmo dizer a "fascinação", que tudo isso exerce mostra bem que os argumentos teóricos, os sistemas ideológicos são, em certos momentos, relativizados pela força dos sentimentos, pela potência do emocional. É isso que se pode chamar de uma "ética da estética". Ou seja, um vínculo, um cimento ("*ethos*") feito a partir desta "*aisthesis*" fundamental que é a capacidade de sentir e de vibrar em comum.

Tudo isso está difuso em todos os fenômenos da vida social. E é preciso ser totalmente cego ou encrustado nos preconceitos obsoletos da modernidade para não perceber. Mas, para compreender esse legendário difuso, e seu inegável desenvolvimento, talvez seja útil identificar a sua cristalização nos rituais maçônicos. Precisando que são esses rituais, profundamente enraizados na tradição, aquela da memória imemorial, que, justamente, asseguram a base, a "manutenção" dessas comunidades. A persistência do legendário nos rituais é, portanto, uma boa ilustração da força do sentimento: é a causa e o efeito da bela ideia da fraternidade/irmanação!

Como foi o caso em cada fim de ciclo, para o que nos interessa, aquele dos tempos modernos, é um período intermediário em que se vive um momento defunto que não tem consciência de sê-lo. Aquele em que se celebra, sem restrição, o indivíduo e seu suporte teórico: o individualismo, eis o que caracteriza a *realidade* quantitativista, economicista, enquanto o *real* é bem mais rico. Grande que é com suas potencialidades imaginárias: lúdicas, festivas, até romanescas. Real que não é redutível a uma metafísica da subjetividade, ou seja, à submissão da natureza e do social por um sujeito, paranoicamente, todo-poderoso, mas que, ao contrário, aciona uma sabedoria bem mais aberta, aquela de um ideal comunitário que respeita o dado mundano.

Eis o que é o imanentismo maçônico, isso que, na falta de algo melhor, pode se chamar de seu "humanismo", que aciona, pela irmanação, a potência do sentimento, o que dá força para elevar ao sublime as coisas da vida. Assim, nos gestos anódinos do ritual, as preocupações familiares se enobrecem de gravidade. Isso não sem produzir às vezes personagens ardentes à sabedoria feita de equilíbrio e de medida.

O que é o humanismo da franco-maçonaria?

"Empresa secular", diz o maçonólogo Charles Porset a respeito da franco-maçonaria[3]. Certamente, mas uma empresa em que a sensualidade, aquela dos sentidos solicitados, se mistura à religiosidade. Não é isso o papel que desempenham e o legendário de que falamos, bem como os ritos que são uma ilustração deste, ou melhor, uma concretização? Isso que dá uma espécie de fervor ao dogmatismo. A heterodoxia que é, não esqueçamos, a caracterização essencial de uma filosofia progressiva, sempre em devir.

Ser de seu século é, de fato, se adaptar ao seu tempo, certamente esposar seus fervores, e mesmo antecipar seu futuro. Em todo caso, reconhecer o que é *instituído*, portanto já morto, e o que é instituidor. Ou seja, que nasce ou renasce. Eis onde uma "empresa secular" adquire todo seu sentido: saber sentir o odor selvagem de toda aventura, e depois estar em condição de acompanhá-la.

Diligente atenção que faz do iniciado um iniciador daquilo que existe, e não um moralista rabugento que, em nome de sua

---

[3] C. Porset, "Du bon usage du symbolisme" [Do bom uso do simbolismo], in J.-C. Mehr, Symbolisme et franc-maçonnerie [Simbolismo e franco-maçonaria], À l'Orient, 2008, p. 197.

opinião, vitupera constantemente a efervescente e um tanto desordenada vitalidade da época.

A aventura contemporânea e sua sede de heróis.

A figura emblemática do cavaleiro, em seu legendário e em seus ritos, é uma boa ilustração desse desejo de aventura, desta "sede de infinito" que parece, de novo, renascer no imaginário do momento. Sem dúvida, o poder estabelecido – econômico, intelectual, midiático – continua a ronronar *evidências* gastas sobre o individualismo, o racionalismo e outros pensamentos convencionais como o progressismo. Mas a potência em devir afirma o que *é evidente*: o desejo de outra realidade, a importância do imaterial e outros valores qualitativos dos quais não se mede toda a dimensão.

Para este ideal cavalheiresco, quanto mais se morre para si, mais se nasce para o Outro.

É bem isso que se exprime nas figuras emblemáticas, aquelas dos heróis, das quais se conhece a importância nas sociedades pré-modernas e das quais se vê o renascimento nos dias de hoje, seja sob a forma vulgarizada da celebridade, seja aquela mercantilizada da estrela pós-moderna.

Trata-se de "pessoas-passarelas" que estabelecem um vínculo entre o que é vivido na rotina cotidiana e o fantástico no qual é sempre necessário beber. O materialismo ambiente parece inapto a compreender tal preocupação popular. Mas esse legendário é uma estrutura arquetípica que, em certos momentos, recupera uma força e um vigor inegáveis.

Para ilustrar esse desejo do legendário, concentrado na franco-maçonaria e difuso na sociedade, podemos nos apoiar nas raízes – deve-se dizer históricas ou antropológicas? – dadas por Gilbert Durand[4], bom conhecedor do assunto,

---

[4] G. Durand, *Un comte sous l'acacia* [Um conde sob a acácia], retomado em *La sortie du XXe*

quando faz referência ao quarto grau do Regime escocês retificado[5].

O que sustenta a abordagem desse rito é exatamente a fraternidade templária, pontuada por este vínculo simbolizado pelo beijo da paz, e a refeição feita em comum, o ágape, que é um sinal de união dos mais expressivos, encontrado, aliás, em todas as culturas, do qual as modalidades profanas são muitas. Em cada um desses casos, o que é importante é essa corrente de união que estabelece a absoluta prioridade do "nós" comunitário sobre o "eu" isolado. Prioridade constitutiva da harmonia que funda todo conjunto social. Estando bem entendido que, nesta perspectiva esotérica, são as coisas invisíveis que sustentam as coisas visíveis.

Para continuar na ordem do simbólico, esta legendária fraternidade templária se nomeia às vezes de os "filhos de Pelicano". Estando bem entendido que, no bestiário de todos os tempos, o pelicano é o emblema do amor, do dom constante e sem espera de um retorno, graças ao qual a espécie assegura sua continuidade.

Último detalhe, quando, na alusão a esse rito, o grau que agrega totalmente à comunidade se intitula "cavaleiro benfeitor da Cidade Santa" (C.B.C.S.). Referência a Jerusalém, celeste símbolo da realização acabada do templo da humanidade. O amor "edifica": todos, certamente, mas no âmbito da coletividade, assegurando-lhe sua significação plena. Assim, para retomar uma expressão de Max Scheler, a *ordo amoris* é causa e efeito de toda "edificação". E é papel dos "guardiões" (*"egregoroi"*) lembrá-la e implantá-la em referência ao legendário fundador e aos ritos que o implementam.

---

siècle [A saída do século XX], CNRS éditions, 2010, p. 709.
[5] Rito maçônico estruturado em quatro graus maçônicos e um grau cavalheiresco. (NT)

A importância das figuras emblemáticas. Sabedoria antiga. Sabedoria constante! Não se lê em Pitágoras esse "verso dourado": "Honre os heróis plenos de bondade e de luz"? Em todas as tradições se encontram modalidades disso que Durkheim analisou bem: as "figuras emblemáticas". Os santos católicos evidentemente, mas também os heróis dos contos e lendas, os totens das sociedades primitivas, sem esquecer, como indiquei, as estrelas e outras celebridades contemporâneas.

Em resumo, trata-se de formas antropológicas atrativas[6]. De figuras em torno das quais as pessoas se agregam e "fazem" sociedade. Figuras que dizem ou vivem em escala maior o que se exprime em escala menor na vida social. Novamente, o legendário maçônico coloca múltiplas bases que permitem compreender as formas específicas *do viver-junto*. Mais precisamente na medida em que, por meio da irmanação/fraternidade, esse legendário lembra o papel do afeto para toda sociedade: *affectio societatis*.

É verdade que o termo "herói" vem da palavra grega *"eros"*, que significa "amor"? Talvez seja apenas uma aproximação aleatória. Mas pouco importa se isso dá a pensar. Em particular se isso permite compreender esse fenômeno ao mesmo tempo misterioso e frequente: a fragmentação do si. Ou seja, a saída de um pequeno si para um Si mais vasto: aquele da sociedade e da natureza. A característica do legendário é exatamente lembrar tal "fragmentação" que faz passar de um *caráter* (ou seja, uma "marca") individual a um *caráter* (idem) bem mais vasto, aquele da dependência afetiva.

---

[6] Cf. P. Tacussel, *L'attraction sociale* [A atração social], Klinsieck, 1984.

É essa dobra que pode permitir compreender a mudança de "tópico" que se opera sob nossos olhos. A verticalidade moderna, aquela do poder, da dedução, da "lei do Pai", é sucedida pela horizontalidade pós-moderna, o que nomeei, repetidamente, de "lei dos irmãos", ou ainda irmanação.

Da verticalidade à horizontalidade.

É tal horizontalidade que se vai ver na circulação das cargas, dos ofícios nas lojas maçônicas, é aquela igualmente que está em jogo na noosfera da Internet: fóruns de discussão, sites comunitários e afins. Trata-se de uma sensibilidade libertária da qual não se dirá jamais suficientemente o que ela deve à heterodoxia da abordagem iniciática, cuja *potência* fraternal é alternativa ao *poder* paternal.

Quanto mais não seja, de maneira anedótica, pode-se lembrar que figuras anarquistas como Mikhail Bakunin, Leo Campion, Giuseppe Fanelli, Francisco Ferrer, Pierre Kropotkine, Errico Malatesta, Pierre-Joseph Proudhon, Elie e Élisée Reclus ou Louise Michel foram franco-maçons[7]. A lista está longe de ser exaustiva, mas evidencia bem que a "tópica" horizontal, aquela da "lei dos irmãos", é uma constante da sabedoria iniciática, que constitui seu fio condutor, tênue, mas não menos sólido. Isso em que está em sintonia, graças a suas raízes tradicionais, com o espírito do tempo contemporâneo.

É bastante claro que a compreensão da mutação civilizacional em curso só é possível se submetemos uma inversão radical a nosso paradigma interpretativo. Nesse sentido, não é a infraestrutura econômica que determina a superestru-

O fim do paradigma economicista, na direção de um temperamento místico.

---

[7] Cf. X. Tacchela, *Le temple de Salomon* [O templo de Salomão], MdV, 2014, p. 13; ver também J.-D. Vincent, *Élisée Reclus*, Grasset, p. 20.

tura cultural, mas sim o contrário. A marxização dos espíritos ganhou todas as esferas do poder estabelecido: aquele da sociedade oficial. Isso que chamo aqui de a "lei do Pai", mas na sociedade oficiosa, aquela da potência instituidora, é mais um imaginário de forte dose espiritual que tende a predominar. É isso mesmo que designa a emergente "lei dos irmãos".

É, portanto, no segredo, no subterrâneo do lençol freático societal, que se percebem as ideias como móvel principal de toda ação e da vida em geral. Isso que move o centro profundo da alma coletiva. Sob o risco de horrorizar muito, diria que o ponto comum ao legendário maçônico e à atmosfera mental pós-moderna é o temperamento místico.

Péguy[8] lembrara, em substância, que "tudo começa em mística e se acaba em política". Mas se pode prosseguir notando, melhor observando, que a saturação do político restitui vigor ao místico. E, por pouco que se saiba ver o que existe, é bem isso que está em jogo hoje.

Compreendamos o termo *"místico"* em seu sentido amplo: atitude daqueles que compartilham *mitos*. O que une iniciados que comungam de uma mesma *mitologia*. O que silencia em relação ao exterior. E se poderia multiplicar assim uma cadeia semântica nesse sentido. Resumindo, trata-se do mundo secreto da reciprocidade. O orbe do *místico* sendo a fundamental e estrutural correspondência existente entre as pessoas: a religação societal; e entre as pessoas e a natureza: a ecosofia respeitosa do dado mundano. Para dizê-lo em termos de imagem, a complexidade é a essencial compleição da espécie humana. É o que assegura a base do humanismo integral.

---

[8] Charles Péguy (1873-1914), escritor francês. (NT)

"Compleição" que é preciso entender como "constituição física" ou como "estrutura arquetípica". Aquela da sabedoria tradicional da qual resta alguma ressonância nas obediências maçônicas é um multiculturalismo fundador: a diferença como fator de enriquecimento. Daí a inanição das ideias convencionais sobre os dogmas do "comunitarismo". Maneira – ó quão preguiçosa! – de privilegiar uma república una e indivisível, que foi performante no século XIX, mas não é mais pertinente com a pluralização das sociedades. A imagem do *mosaico* estando bem mais em sintonia com a concepção de uma *"res publica"*, uma coisa pública aberta à alteridade, e que assegura a coesão, *a posteriori*, de todos os elementos por mais diversos que sejam dela.

Comunidades da diversidade, uma república-mosaico.

Repito que isso concerne à sociedade oficiosa cujo apetite pelas sociedades complexas é cada vez mais demonstrado. Esse segredo pode ser representado pela taça do rei de Thule de que fala Goethe, da qual se sabe o pertencimento à sabedoria maçônica. A balada que canta Margarida no segundo *Fausto* destaca a consciência do extremo, e sobretudo esta taça jogada no lago é o símbolo do *tesouro escondido* que apenas os iniciados podem pretender. Thule é o desejo do último limite que se atinge por e com amor! Aquele da fraternidade.

A taça do rei de Thule: o tesouro que se atinge pelo amor, pela fraternidade.

Para retornar à sensibilidade libertária de que falamos, é preciso lembrar que há uma ordem por e no compartilhamento dos vínculos espirituais. Élisée Reclus, protagonista da Comuna de Paris, e por isso exilado em Bruxelas, dava uma definição que não pode ser mais correta da anarquia: "a ordem sem o Estado". Uma ordenação do mundo sem instância dominante, aquela simbolizada pela "lei do Pai". Todos os anarquistas franco-maçons que citei antes compartilhavam desta concepção de uma ordem fraternal. Poder-se-ia dizer "federativa".

Seria divertido – e não me privo disso – aproximar esta sensibilidade libertário-fraternal da definição que dá em algum lugar Charles Maurras[9] da monarquia: "a anarquia mais um". Para ele, este "um" é o rei federando as diversidades regionais e respeitando-as ao mesmo tempo. Não tendo competência no assunto, não posso ir mais adiante. Mas, porque essa aproximação, para os espíritos livres, não é desprovida de sal, extrapolando seu propósito, este "um" pode ser também o povo, a loja, a comunidade. Em resumo, esta *egrégora* misteriosa "que reúne o que está disperso".

Reunir o que está disperso.

Sejamos mais precisos. Este "um" federador não remete à *unidade* estatista, aquela de todas as burocracias celestes das quais a "tecnocracia" francesa é o último avatar, mas sim, para tomar uma noção do pensamento medieval, à *unicidade* que harmoniza as particularidades, as diferenças, as singularidades ao mesmo tempo deixando-as como são. Pensamento-ação de uma tolerância cujo alfa e ômega é o plural, ou, para retomar uma expressão de Max Weber: o "politeísmo dos valores". O relativismo da filosofia progressiva que encontra a teoria da relatividade cara à física contemporânea.

Esta unicidade que harmoniza os diferentes, ordena a pluralidade, pode ser identificada na simbologia do número 3. E a classificação familiar dos franco-maçons em "irmãos três pontos"[10] não é desprovida de interesse. Mais precisamente, na medida em que esta cifra, em sua dimensão esotérica, assim como na experiência

O número 3.

---

[9] Charles Maurras (1868-1952) foi um político, jornalista, ensaísta e poeta francês. (NT)
[10] Referência à pontuação utilizada pelos maçons em abreviaturas (∴) e frequentemente após assinaturas. (NT)

exotérica, significa a superação do fechamento próprio à unidade. O Deus Uno, a República, o Indivíduo Uno são apenas modulações do mesmo fantasma do Uno[11], o qual destaca igualmente o aspecto binário da dualidade em que um remete ao outro em uma tetania que se torna patológica rapidamente. O 3, em sua dimensão simbólica, é isso que abre para a alteridade ao mesmo tempo que mantém a coerência da *unicidade*.

O mistério da Trindade cristã, neste contexto, é instrutivo que integre uma ordem plural favorecendo o movimento na unidade. A teologia católica fala da "*perichoresis*" uma interação constante que junta ao mesmo tempo que deixa sua própria especificidade a cada entidade disso que se torna uma unicidade plural[12]. Por ora, não irei mais adiante nesse domínio, pois pretendo depois retornar à dinâmica do 3. Mas pode-se ver neste mistério a expressão da temática, constante na antropologia arquetípica, do "colégio invisível" e da reciprocidade a que isso induz: "*Tres faciunt capitulum*".

O "capítulo" em questão é aquele em que se vivem as solidariedades e generosidades de base. É a religação, fundamento de todo *viver-junto*, na qual o fato de estar religado ("*religare*") é causa e efeito de estar em confiança ("*reliant*"). Trata-se de relações que não são conscientes nem, naturalmente, verbalizadas. São relações próprias desta *affectio societatis* que se baseia na reversibilidade e na subsidiariedade.

A religação.

Reversibilidade que é de ordem mística, reversibilidade das tristezas e das alegrias, simbolizada pela eficácia da prece, que

---

[11] Remeto ao desenvolvimento que fiz em meu livro: M. Maffesoli, *A violência totalitária*, Sulina, 2001, retomado em *Après la modernité?* [Depois da modernidade?], CNRS éditions, 2008, ch. IV: "Totalitarisme et indifférence" ["Totalitarismo e indiferença"], p. 539.
[12] Cf. A. Germain, *La périchorèse de latrinité* [A perichoresis da trindade], Cerf, 2005.

evidencia bem, de maneira paroxística, a imbricação estrutural do um com o outro. Trata-se da tradução teológica do *estar-com* ("*Mitsein*") da filosofia fenomenológica. Ou seja, o que se vê na vida corrente.

A subsidiariedade é a manifestação política da reversibilidade mística. E isso, não no sentido burocrático do termo, mas sim no sentido de complementaridade induzida pela ordenação horizontal das coisas da vida. É a interação constante das formas de solidariedade de base, fenômeno arcaico, se existe, que encontra ajuda do desenvolvimento tecnológico.

Nesse sentido, o mistério da Trindade católica, aquele do colégio invisível maçônico, se ilustra no Facebook, nos *sites* comunitários e em diversos fóruns de discussão, sem esquecer o gorjeio do Twitter, em que, em um movimento sem fim, se diz e rediz o desejo último da irmanação/fraternidade: ser apenas em relação e com o outro!

3 – O retorno da eterna criança

É preciso desdobrar a palavra "fraternidade", que é bastante gasta e um pouco banal. "Desdobrar", ou seja, revelar todos os estratos semânticos que a compõem. Ver, aquém ou além de seu aspecto esclerosado, a significação profunda que é a sua: o tesouro que pode conter. É por isso que a reúno, com frequência, a esta "irmanação" de origem antiga que permite lembrar que se trata de um arquétipo que tem servido regularmente aos diversos filistinismos que pontuam as histórias humanas. Em resumo, uma sensibilidade que lembra a vitalidade juvenil.

No que diz respeito à nossa época, aquela de uma mutação civilizacional importante, a fraternidade/irmanação se dedicou, a partir dos anos 1960, nos Estados Unidos e depois na Europa, a mostrar que o *burguesismo* moderno se esgotara. "Corre, camarada, o velho mundo está atrás de ti!" Eis o que era romântico, mas não destacava menos que o paradigma puramente economista estava totalmente saturado. "Perder sua vida a ganhá-la" não era mais o único modelo aceitável. O plano de poupar para a casa própria não era mais um ideal de vida!

Uma oposição frontal ou implícita à mercantilização.

A oposição à sociedade quantitativista foi frontal. A questão do qualitativo prevaleceu, e suscitou uma dilatação da alma coletiva. E esta sede de infinito perdura. As diversas *indignações*, as revoltas e revoluções pontuais o testemunham e continuarão, certamente, a testemunhá-lo. Isso, ocasionalmente, invalida uma sociologia de comerciantes que, utilizando modelos estatísticos da cientificidade duvidosa, continua a desenvolver uma aproximação quantitativista, que significa, desse modo, sua absoluta obsolescência. A engenharia social tem dificuldade para dar conta da efervescência societal!

A oposição à mercantilização do mundo é talvez menos frontal. Em todo caso, é menos programática: daí a falência de todos os partidos políticos! E não é menos decidida. Mesmo e sobretudo quando assume uma forma espiritual, aquela da sabedoria tradicional. Aquela que recusa o princípio de corte: a dicotomização do mundo, em resumo, a rejeição do dualismo moderno. E isso em proveito de uma visão plural e pluralista do humano: o direito à diferença. Ou seja, de um mundo em *mosaico* onde todos, repito "todos", os elementos se ajustam harmoniosamente, mesmo que esta harmonia seja conflituosa.

O equilíbrio, a harmonia dos contrários, a tolerância à pluralidade.

A lei do Pai (modernidade) separa, dicotomiza, recusa a diferença. A lei dos irmãos ou lei dos pares (pré e pós-modernidade) permite a interação: o terceiro não é mais excluído, mas incluído.

É isso a sabedoria tradicional, aquela da filosofia progressiva. Aquela da abordagem maçônica que, desse ponto de vista, pode ser considerada como uma base que permite prosseguir a construção humana em curso. Unicamente, é claro, se ela sabe se desfazer da substituição da intolerância pela tolerância, do sectarismo pela abertura, que por vezes prevalece nas diversas obediências maçônicas[1].

---

[1] Cf. G. Durand, *Un comte sous l'acacia: Joseph de Maistre* [Um conde sob a acácia: Joseph de Maistre] (1995), retomado in *La sortie du XX siècle* [A saída do século XX], CNRS éditions, 2010, p. 719.

Tolerância e abertura ao outro são os vetores essenciais da abordagem iniciática. Eles são encontrados nos "deveres", que eram a especificidade do companheirismo pré-moderno. Escuta-se seu eco na atitude serena das novas gerações, que constituem a oficiosa sociedade de hoje e secretam, em todos os domínios, uma atmosfera mental *cool*. Pode-se empregar esse neologismo? Em todo o caso, esta *"coolitude"* é a atualização da sabedoria tradicional. Ela torna atual o que é substancial, ou seja, intemporal.

É isso que alguns chamam de "arte real"[2]. Na origem, essas

A arte real. técnicas que as antigas corporações se transmitiam na cadeia do tempo. É, embora não estejam sempre conscientes disso, o fundamento da sabedoria dos francomaçons contemporâneos. "Arte real" porque essas técnicas dos "operativos" e a sabedoria dos "especulativos" tinham uma inegável aura espiritual. E aqueles que as transmitiam, uma *autoridade* que não era redutível ao simples *poder*. A autoridade (*"auctoritas"*) é isso que aumenta, faz crescer. Por exemplo, um "autor" digno desse nome! Enquanto o homem de poder se contenta em fazer crer. Ele impõe, por todos os meios, essa crença. Fazer crescer ou fazer crer é isso a essencial diferença entre autoridade e poder. Este apanágio dos pais, aquele próprio dos irmãos (pares).

Mas a oposição frontal dos anos 1960 não é mais, neces-

A potência da sociedade oficiosa. sariamente, atual. Pois, para retomar uma expressão figurada de Jean Baudrillard, "o ventre mole do social" não responde mais às injunções do poder. Valeria mais dizer "dos poderes", sejam eles econômicos, políticos ou intelectuais. A maioria deles não

---

[2] Cf. R. Guénon, *Autorité spirituel et pouvoir temporel* [Autoridade espiritual e poder temporal], Véga, 1984, p. 36.

são mais silenciosos. Abstêm-se. E com a ajuda das redes sociais, a sociedade oficiosa suplanta em diversas formas a sociedade oficial. Mais uma vez a lucidez de Joseph de Maistre é atual: "Os soberanos comandam eficazmente e de maneira durável apenas no círculo das coisas admitidas pela opinião; e esse círculo não são eles que o traçam"[3].

Em que termos delicados essas coisas são ditas! Mais familiarmente: "Eu sou seu chefe, é preciso que os acompanhe!" É-se tributário de uma atmosfera mental específica. O conhecimento que se tem de uma sociedade deve, portanto, evoluir com ela. E é estando enraizado fundo que se pode então se ajustar ao espírito do tempo.

A "lei dos irmãos" (pares) é uma expressão dessa radicalidade. Talvez por ser uma atualização do mito da eterna criança. *Puer aeternus* que, regularmente, retorna à frente da cena. Eterna criança que está o mais próximo possível do mundo dos arcaísmos fundadores de todo *viver-junto*.

O retorno do mito da eterna criança.

Entre estes, tudo o que diz respeito ao jogo. É, aliás, instrutivo ver que o lúdico (re)torna-se um elemento de destaque da socialidade contemporânea. Os jogos redescobrem a importância que era a sua nas sociedades antigas ou medievais. E isso com a carga de acaso, de destino, que não deixam de ter. Os "jogos do amor e do acaso" são o substrato da atmosfera própria a esta juvenilização do mundo pós-moderno.

Mais uma vez a base maçônica é esclarecedora! De fato, não se dirá jamais o suficiente sobre como os rituais, em seu aspecto repetitivo, fortalecem essa alma de criança que dorme em todas as pessoas. Como diz Verlaine, isso permite sentir "um coração

---

[3] J. de Maistre, *Soirées de Saint-Pétersbourg* [Noites de São Petersburgo], 7ª entrevista, Pélagand, 1850.

jovem e bom bater em seu peito". Juvenilidade e bondade, eis as características essenciais da fraternidade (irmanação), que tem a tolerância e a abertura como horizontes próprios.

Na resposta à pergunta: "Que idade você tem? Tenho 3 anos", se rediz o imaginário da eterna criança. Aquele do jogo, da repetição, de uma criação sempre e de novo renovada. O que está às vezes em perfeita congruência com o espírito do tempo em que o valor-trabalho, velha ideia marxista, exacerbada pelo stakhanovismo[4] ambiente, dá lugar à criatividade do orbe infinito. E só alguns velhos rabugentos gritam quando se questiona a "florificação do trabalho"; ela não tem nenhum parentesco com a criatividade da qual provavam os adeptos da arte real, não tem nada a ver com a inventividade dos criativos pós-modernos.

A experiência.

"A eterna criança", outra maneira de dizer perpétuo aprendiz, é aquela que completa o cognitivo pela experiência. Isso que dá uma vida vivida, com intensidade, no presente. Desse ponto de vista, a filosofia *progressiva* reconecta-se com aquela do "*kairos*". Ou seja, esta abordagem que enfatiza o instante, a oportunidade. Em linguagem familiar: a boa "ocasião"!

A experiência do presente vivido anda junto com a serenidade. Atitude estoica, se ocorre: não se domina tudo. É preciso, portanto, se adaptar àquilo que existe. E é a graça juvenil, um tanto desenvolta, que sabe se ajustar, em função das circunstâncias, ao que se apresenta. Isso que torna presente a vida. Há então alguma coisa de leve na atitude da eterna criança. Ela é deslizante (em seu *skate* ou seus *rollers*). Ela é *cool*. Poder-se-ia

---

[4] Método de aumento da produtividade do trabalho com base na força de vontade dos operários, surgido na ex-União Soviética, por iniciativa do mineiro Alexei Stakhanov. (NT)

dizer *"fluida"*? E se poderiam multiplicar as metáforas para destacar em que o "deixar rolar" pós-moderno encontra a ligeira gravidade do iniciado que sabe que é tributário dos outros, o que o incita à tolerância, à abertura própria da fraternidade/irmanação.

Ocorre que tais especificidades, aquelas do mito do *Puer aeternus*, aquelas do aprendiz tributário dos seus irmãos, não são limitadas a uma faixa de idade. De fato, quando uma figura emblemática retorna à frente da cena social, ela é contaminadora. Todo mundo é, portanto, determinado pelo clima no qual se banha. E os valores juvenis não devem nem podem ser reduzidos à "síndrome de Tanguy". Mas falar jovem, vestir-se jovem, se comportar jovem, etc., é um "juvenismo" ambiente cujas consequências podem ser, com justeza, esclarecidas quando se faz referência à sabedoria iniciática que é, simplesmente, aquela de um aprendiz que se reconhece como tal: tudo está em devir e se aprende, progressivamente, a participar dele? A eterna criança "sabe", instintivamente, o que há do destino que não se domina, mas que é preciso domesticar.

O imaginário das novas gerações contamina toda a sociedade.

Lembramo-nos de Heráclito: "O tempo é uma criança que brinca movendo os piões. Realeza de uma criança". O jogo do mundo lhe é familiar. É bem este aspecto lúdico e criativo, em sua dimensão aleatória, que faz entrar em congruência o aprendiz e a figura da eterna criança, pré e pós-moderna. Dioniso é o seu emblema, e sabe-se que sua sombra se estende de novo, e cada vez mais, nas megalópoles contemporâneas.

É isso mesmo que o pensamento aviltado, que faz sucesso hoje, não pode compreender, tanto que está contaminado pelo espírito comerciante, obscurecido pelo

Um narcisismo que é tudo menos individualista.

quantitativo. Os contadores sempre tiveram dificuldades para considerar que o mundo abunda e que o imaterial seja extremamente importante. É assim que, como figura emblemática, ou seja, não redutível a uma faixa de idade, o belo elã da juventude é um estado de espírito que, indiferente às ideologias, aceita o fato. O fato concluído. Ou seja, aquilo que existe.

E, acima de tudo, o fato de não existir por si mesmo, mas sim por e graças ao Outro. É frequente escutar os psicólogos comentando esta expressão infantil: "Mim, eu", vendo nela o sinal do narcisismo absoluto da criança. Mas não é exatamente o contrário? A repetição traduz a dúvida quanto à identidade do ego. A criança, sem estar consciente disso, sentindo instintivamente, se poderia dizer quase "animalmente", que é tributária da comunidade em que se insere; e que a perda no outro é um ganho. O jogo do mundo: quem perde ganha!

Desse ponto de vista, durante a iniciação, é pedido ao postulante que se volte a fim de "ver seu pior inimigo", é seu rosto que se reflete no espelho que lhe é estendido. É, portanto, a comunidade (no caso, seu pertencimento à loja) que o impede de se perder em si mesmo, fazendo-o acessar esse Si mais vasto que é o grupo ao qual vai aderir. Mais uma vez dinâmica da fraternidade/irmanação.

Adesão tornada concreta por esse compartilhamento lúdico que é o ritual que exprime, novamente, uma característica do elã juvenil: o espírito que se enraíza no corpo. Pois o ritual não é nada mais que um corporeísmo espiritual. Oximoro que os teóricos grosseiros têm dificuldades em compreender, obnubilados que são pelo princípio de corte: corpo/espírito, natureza/cultura. O aspecto brincalhão do holismo induzido pelo ritual, maçônico ou profano, lhes é totalmente estranho.

Espiritualidade do ritual.

A interação material/espiritual, que está no fundamento da criação própria à abordagem iniciática, traduz a superação da paranoia do valor-trabalho graças à qual o tolo progressista pensava dominar o mundo. Ele se contentou em devastá-lo! A reversibilidade holística é, de fato, a aceitação do determinismo: o corpo que me limita, mas ao mesmo tempo me dá a ser. A natureza que me cerca, mas serve de fundamento à cultura. A comunidade da qual, no sentido forte do termo, sou tributário me retribuindo um mais-ser: aquele do "mais que um".

É a incompreensão dessa mudança de paradigma que se exprime nisso que se chama "a Crise". Mas lembremo-nos que, às vezes, a doença prepara a saúde. A doença senil da modernidade pode assim antever a saúde juvenil da pós-modernidade. E o labor, jamais acabado, da pedra bruta a lapidar pode ser uma ajuda correta para a revivescência em andamento.

Uma revitalização do real.

Mas trata-se de uma vitalidade realista. Ou seja, que leva em conta o real. Como lembra Heidegger a propósito da escultura de Michelangelo representando Moisés, nesta estátua "há mármore também"[5]. O ato criativo deve ter em mente tal estado de coisas básico: só se comanda bem a natureza obedecendo-lhe. Ou ao menos ajustando-se a ela. Em oposição a um universalismo que cheira a seu século XVIII, o aperfeiçoamento jamais acabado simbolizado pelo ato de talhar a pedra é uma universalidade da qual se (re)começa a mensurar os efeitos, aquela do enraizamento dinâmico.

Último aspecto, enfim, do jogo do mundo do qual a eterna criança é o rei (o que é centro nevrálgico do franco-maçom que talha a pedra): pôr seu prazer de ser nas coisas vividas. Sem ne-

---

[5] Cf. M. Heidegger, *Essais et conférences* [Ensaios e conferências], Gallimard, 1958.

cessariamente se preocupar com os resultados. Isso que se ilustra melhor no aspecto repetitivo dos rituais. A repetição sendo isso mesmo que, curto-circuitando o linearismo do progressismo, restitui sentido à filosofia progressiva: aquela da espiral enraizada.

Fazer sem se preocupar com o objetivo a atingir. Eis o que pode parecer paradoxal. Em todo caso pouco ortodoxo quando se sabe que, para o messianismo – sob sua forma religiosa, depois política –, o *sentido* remete ao horizonte indefinido da finalidade: o paraíso ou a sociedade perfeita. Nos dois casos, um estado *a vir*.

Sentido sem finalidade, mas com significação.

Isso que nos lembram ao mesmo tempo a sensibilidade ritual, a abordagem iniciática, o gesto criativo, o labor do aperfeiçoamento jamais acabado, em resumo, a criança heraclitiana "que brinca movendo os piões", é que pode haver sentido sem que exista *um* sentido. A significação sendo, portanto, mais importante que a finalidade. Segundo o filósofo alemão Romano Guardini, é isso o espírito da liturgia: *"zwecklos aber sinnvoll"*, "sem sentido, mas pleno de sentido", ou seja, "pleno de significação".

Compreendamos a "liturgia" como esta "ação do povo", como esta ação criativa que se preocupa em viver aqui e agora. A ênfase em uma significação não finalizada é isso mesmo que caracteriza, ao mesmo tempo, a intensidade própria à abordagem maçônica, aquela do perpétuo aprendiz, e o presenteísmo do imaginário pós-moderno. Intensidade do movimento que é corolário da intensidade fraternal. O todo fortalecido pela intensidade da repetição ritual. A intensidade, o que quer dizer? Retornemos à etimologia latina: *"in tendere"*. Uma energia que não se projeta mais em hipotéticos futuros, essa da qual o progressismo é a expressão teórica acabada, mas uma energia que se focaliza na experiência vivida, a vida viva, causa e efeito da determinação comunitária.

É bem ao que nos remete a metáfora, ou o mito, do *Puer aeternus*. Esta eterna criança que, além do fechamento no ego que leva ao subjetivismo tacanho da modernidade, está em perpétua busca da comunidade autêntica. Sem dúvida, há a solidão gregária secretada pelas cidades contemporâneas. Mas, ao mesmo tempo, vê-se surgir, em todos os domínios, as tribos urbanas que pensam e vivem em (re)novação da fraternidade/ irmanação. Uma criatividade inventiva que considera que a cultura, em seu sentido forte, não é o negócio de alguns, mas sim a ação de todos.

O calor da tribo, uma elevação ao Outro.

Não é isso que tenta exprimir a metáfora da arte real? Arte que alguns *guardiões* ("*egregorios*") de maneira secreta se dedicam a preservar e desenvolver. Arte que põe em jogo a vida vivida em sua totalidade, e que integra a totalidade de seus membros. Arte real, portanto, que é característica de um ideal comunitário que retoma, inegavelmente, força e vigor.

É aí que a comunicação contemporânea entra em congruência com a ordem simbólica tradicional. Comunicação, termo bem gasto, mas que pode ser considerado como índice do desejo renovado de *estar-com*. A elevação do si individual ao Si holístico da comunidade. Esta busca do simbólico, que é preciso entender como conexão, reversibilidade, interação, alcança, então, a doutrina joanista da elevação de todos os homens, e mesmo de todas as coisas, a um nível superior[6].

Será necessário voltar à influência do evangelista São João sobre a filosofia progressista maçônica. O que

Um misticismo assumido.

---

[6] Cf. J. Baruzi, *Création religieuse et pensée contemplative* [Criação religiosa e pensamento contemplativo], Auber, 1951, p. 100 e p. 107.

é certo é que a elevação que está no centro do joanismo é atravessada, de um extremo ao outro, pela preocupação de *estar-com*. Estar com os outros e com o mundo. Todas essas coisas que são atraídas pelo Cristo tendo sido "levantado da terra" (João, 12:32). O místico Angelus Silesius, inspirando-se nisso, fala da humanidade, assim elevada, como "sobre angelitude"[7].

Concepção mística, certamente, mas, além da economia de si e do mundo que marcou o imaginário moderno, esta "sobre angelitude" fundada na comunicação não está em convergência com o humanismo integral da abordagem iniciática? A simples e lúcida observação da cultura juvenil nos incita a ir por esse caminho.

---

[7] Cf. Angelus Silesius, *Pèlerin chérubinique* [Peregrino querubínico], Livro II, Dístico 44: "Perguntas o que é a humanidade (*"Menschheit"*)? Digo-te imediatamente: é, em uma palavra, a sobre angelitude (*"Überengelheit"*)", trad. H. Plard, Aubier, 1946.

V
À guisa de conclusão

Salire alle estelle.
Dante
(*Purgatorio*, XXXIII, 145)

Qualquer idade que se diga (3 anos, 4 anos, 5 anos), a temática da eterna criança deve ser entendida como um mito que lembra a eterna juventude do mundo. Há momentos em que esta se afirma com força. Momentos em que se exprime uma sensibilidade heterodoxa. Pois não é a juventude a época herética por excelência? Ela questiona as certezas, os sistemas e, evidentemente, "esse conformismo lógico" do conformismo estabelecido de cujos malfeitos ainda não se tem dimensão[1].

Entre estes, esta incapacidade de identificar, e, portanto, de pensar, o vitalismo inextinguível que, em todos os domínios, impõe dificuldades às instituições esclerosadas e às suas racionalizações obsoletas. Com desenvoltura, o *instituidor* juvenil debocha da senilidade de tudo que é *instituído*. O que não se dá sem ampliar a fossa existente entre uma sociedade oficial, em agonia, e outra, oficiosa, que se elabora secretamente, na vida cotidiana: aquela do "homem sem qualidades".

Não é a primeira vez nas histórias humanas que existe tal desacordo. E é útil, nesses casos, voltar às raízes que, no sentido estrito do termo, fortalecem a base do *viver-junto*. Ora, o pensamento tradicional insiste, nos períodos de crise, sobre o fato de saber "passar pelo crivo" aquilo que o merece. Purgar-se das

---

[1] Ver nosso livro: M. Maffesoli e M. Strohl, *Os novos conformistas*, Sulina, 2015.

opiniões, mesmo que sábias, e reaprender a ler o grande livro da vida. Para isso, a imagem da criança-aprendiz soletrando, letra por letra, o texto que se escreve, dia a dia, no curso deste *estar-com*, fundamento mesmo de toda sociedade.

É preciso, a cada época, saber dizer a *cifra* que a caracteriza. É a partir da sua *cifra* esotérica que se pode decifrar, ou seja, compreender, o que se vive no cotidiano. Aprender a decifrar a retórica societal, como crianças que, soletrando, entram pouco a pouco no reino do pensamento. Assim, abandonar nossa arrogância intelectual nos permite acessar a (re)novação da vida intelectual. E, desse modo, talhar esta pedra simbólica do aperfeiçoamento individual e coletivo.

Vê-se a necessidade de voltar, de retorno às raízes, dessas palavras muito simples, mas irresistíveis, de Martin Heidegger: "*weniger Literatur, aber mehr Pflege des Buchstabens*", "menos literatura, mas mais cuidado com o soletrar". Está em sua *Carta sobre o humanismo*[2].

É bem a criança que aprende suas letras e que, fazendo isso, participa da vivacidade de um saber sempre renovado, jamais estabelecido. É o que, opondo-se à soberba dos sabedores, nos incita a mais moderação. É o que convida a esta *humildade* essencial a todo humanismo que reconhece a parte do *húmus* constitutiva de nosso ser individual ou coletivo. Aprender suas letras, soletrar as letras do alfabeto consiste em decifrar, ou seja, revelar, o que está escondido nas criptas da memória imemorial. Lição primordial de toda progressividade que o humanismo maçônico, quando fiel à sua intemporal vocação, não deixa de proclamar.

---

[2] M. Heidegger, *Lettre sur l'humanisme* [Carta sobre o humanismo], Aulier, 1957, p. 65. Ver a análise de D. Janicaud em B. Pinchard, *Heidegger et la question de l'humanisme* [Heidegger e a questão do humanismo], PUF, 2005, p. 226.

Outro aspecto da vitalidade juvenil é ser, assim como acabo de lembrar, empenhada em saber ler as letras da sabedoria e por isso aprender a "soletrar", em resumo, pouco embaraçada pelo jugo das certezas, esta vitalidade pode se exprimir em vagabundagens aventureiras. A temática da *viagem*, que tem um papel importante na abordagem iniciática, é a marca mesma da heterodoxia em sua luta contra todos os dogmatismos.

Talvez tenha sido isso que levou uma parte da franco-maçonaria a desempenhar um papel importante durante a Revolução de 1789. Para retomar um título do maçonólogo Charles Porset, "Hiran foi *sans-culote?*", a questão permanece aberta[3]. Mas o que é certo é que o espírito de abertura, a questão da tolerância, o "a-dogmatismo" estrutural são atitudes intelectuais que só podem suscitar e fortalecer o desejo de transgressão que, sem ser necessariamente sua origem, acompanha sempre as mutações civilizacionais de fundo que marcam nossas sociedades.

Desse ponto de vista, a simbólica do aprendiz, aquela da abordagem iniciática em geral, entra em congruência com a figura emblemática da eterna criança, especificidade, sabe-se, da pós-modernidade. A desenvoltura e a rebelião das quais ela é ator essencial são carregadas de consequências, pois, assinando o fim de uma época, preparam, invariavelmente, a emergência de outra. É isso que nos dizem a sabedoria popular e a tradição: um parêntese (época) se fecha, e outro se abre. Nesta sucessão infinita, deve-se estar atento ao instituidor alternativo, tanto é verdade que o anômico de hoje é sempre o canônico de amanhã!

A potência do instinto juvenil é irrepreensível. Pois, assim como observa James Joyce, com a lucidez roborativa que lhe é própria: "Preste atenção no que você deseja na sua juventude,

---

[3] Cf. C. Porset. *Hiran sans-culote? Franc-maçonnerie, Lumières et Revolution* [Hiran sans-culote? Franco-maçonaria, Luzes e Revolução], Honoré Champion, 1998.

pois o obterá na sua maturidade". É neste grande romance de iniciação que é seu *Ulysses* que ele emite esta proposição. *Ulysses* cujo próprio nome traduz, ao mesmo tempo, a sede de infinito e o espírito de aventura que obcecam, ao longo do tempo, a espécie humana. O todo embelezado desta manobra instintiva, em condição de reunir o que está disperso, coração do discernidor inteligente.

A vagabundagem iniciática corolário do espírito aventureiro está sempre no fundamento mesmo das grandes mutações civilizacionais. O bom senso o sabe bem quando declara: "As viagens formam a juventude". E, desse modo, entende-se a juventude do mundo, sua renovação. Isso porque se aprimora um indivíduo ou uma sociedade.

E o bom senso encontra também a ajuda da reta razão. Assim a obra, de uma erudição aguda, do historiador Werner Jaeger, em sua análise da "formação do homem grego", destaca, com justeza, em que e como são as incessantes peregrinações dos poetas dionisíacos pela orla mediterrânea, as quais são o fundamento da grande cultura grega[4]. Eis o que pode parecer paradoxal, mas é a movimentação inicial que, em seguida, cristaliza e constitui a base do *viver-junto*.

Traduziu-se por "formação" o termo alemão "Bildung", que tem uma conotação mais forte, na medida em que enfatiza o aspecto experimental, sensível e não simplesmente teórico ou intelectual. Há na "Bildung" um inegável aspecto iniciático que solicita não uma parte, o cérebro, mas sim a inteireza do ser.

Encontra-se, em uma ordem de ideias comparável, uma bela metáfora utilizada por Georg Simmel para definir o que é uma cultura ou uma sociedade: *a ponte e a porta*. Outra maneira

---

[4] W. Jaeger, *Paideia, la formation de l'homme grec* [Paideia, a formação do homem grego], Gallimard, 1964.

de dizer a necessidade da viagem, isso que abre para a alteridade, e da não menos imperiosa utilidade da estabilidade, daquilo que assegura uma base. Como diz o poeta: "Feliz que Ulisses fez boa viagem e depois voltou, cheio de usos e razão, para viver entre seus parentes o resto de seu tempo".

As viagens, das quais se sabe a importância nos diversos rituais maçônicos, remetem ao instinto do nomadismo estrutural que, regularmente, renasce. A agitação que permite, portanto, ultrapassar a anquilose do *status quo*, da residência obrigatória, que, sempre, prefigura a morte, seja individual ou coletiva. Essa vagabundagem iniciática, em seu aspecto transgressivo, é, portanto, sempre o índice de uma vitalidade renovada.

Compreendamos, a eterna criança do mundo profano ou o eterno aprendiz da tradição maçônica está sempre pronto para partir. Responde com intensidade e celeridade a todo "convite de viagem". Simplesmente porque, não estando ainda preso à residência, brincando com sua identidade ou pluralizando-a em identificações sucessivas, está espontaneamente aberto ao maravilhoso sem fim da vida. A figura emblemática da modernidade, aquela do adulto sério, racional, produtor e devastador da natureza, foi protagonista disso que Max Weber chamou de "desencantamento do mundo", ao passo que a *criança-aprendiz* participa de um inegável reencantamento do mundo.

O gosto pelas viagens, iniciáticas ou organizadas por alguns *tours operators*, é a manifestação mais evidente disso. Mais precisamente na medida em que elas são a causa e o efeito desta sede infinita que se contrai no instante. São também a expressão de uma visão de mundo ardente e melancólica, que é o coração vivo do imaginário pós-moderno. Ardente porque focaliza no instante presente. Melancólica porque sempre insatisfeita. Ao mesmo tempo feliz com essa insatisfação que é iniciadora de uma dinâmica sempre renovada.

Falei muitas vezes em uma epifanização do imaterial. Outra maneira de dizer a manifestação do invisível no visível (*No fundo das aparências*, 1990). Em seu sentido fundamental a viagem é uma dessas manifestações. Ela é a expressão de uma energia vital que impulsiona o indivíduo, de um lado, para fora da rotina existencial e, de outro, para fora de si mesmo. Ela é fonte de inspiração. O espírito de aventura não é nada mais que uma constante abertura ao Outro. Não é assim que o Ser se exprime no ser enquanto fenômeno?

Por conseguinte, retomada do movimento daquilo que é esclerosado e já mortífero. Temática que se encontra neste grande viajante que era Chateaubriand, para quem "as viagens são uma das fontes da história". Ou ainda, fazendo assim referência a aspectos fundadores: "as viagens remontam ao berço da sociedade". O que ele resume em seu *Viagem à América*: "Eu não pretendia nada menos que descobrir a passagem ao Noroeste da América"[5].

Passagem ao Noroeste! Entendamos isso em sua dimensão mítica. Metáfora do enigma da vida, flutuante e instável, que escapa sempre ao abraço do instituído. Os surrealistas fizeram um belo uso desta imagem. E, de fato, a existência não é surreal, já que integra, em um misto fecundo, o real e o irreal? Ou isso que não tem limites e contornos definidos? Todas as coisas que se cristalizam no jogo, no sonho. Isso que, neste luxo que é toda vida, atribui preço às coisas sem preço.

A viagem, o ritual e o jogo estão, portanto, ligados. Mais precisamente, tendo em vista que, em oposição ao racionalismo estreito, vetor da modernidade, o raciovitalismo do qual eles são feitos se funda em uma razão completada pela emoção. Em

---

[5] Chateaubriand, *Voyage en Amérique* [Viagem à América], Ladvocat, 1827.

nome do progressismo, a filosofia moderna vai marginalizar, depois abandonar a sabedoria tradicional em que o esoterismo e o exotérico eram estreitamente ligados. É em oposição a isso que a filosofia progressiva, em sua razão sensível, se empenha em revivificar a inteireza do ser. Mais precisamente na medida em que integra uma boa parte de *irreal* no real da comunidade.

De fato, esse *irreal* não é nada mais que a soma destes métodos: rituais, cenários, graus, ágapes, solidariedades pelos quais a loja se constitui enquanto tal. É nesse sentido que o esotérico, isso que vem de fontes tradicionais, fortalece o exotérico, a saber, o vínculo comunitário. Esses "métodos", que entendo aqui, *stricto sensu*, como caminho ("*meta odos*"), se exprimem em todas as viagens iniciáticas, deambulações e outros "passos" rituais que pontuam as reuniões regulares, e graças aos quais se estrutura o sentimento fraternal. Não esqueçamos que são rituais semelhantes que fortalecem enquanto tais as tribos urbanas que constituem a teatralidade das megalópoles pós-modernas.

O sentimento de pertença de que falamos, oriundo de uma ética estruturada por uma estética compartilhada (cenários, cerimônia, rituais...), é tão mais forte que a viagem, em seu sentido simbólico, é uma maneira de enfrentar, em grupo, a angústia do tempo que passa e a morte, que é a conclusão final.

Com efeito, assim como se lembrou que as viagens formam a juventude, a sabedoria popular lembra também que "partir é morrer um pouco". Morrer neste Outro que está em outro lugar. Morrer no Outro da comunidade. Mas sabendo, de um saber incorporado, ou seja, silencioso, que quem perde ganha. Paradoxo do "gasto" do qual George Bataille mostrou o problema, e que a maçonaria de tradição, assim como o mundo, retorno da iniciação no mundo profano, ilustram à vontade[6].

---

[6] De maneira geral, a obra de George Bataille é das mais instrutivas para nosso propósi-

As viagens iniciáticas e as provas que elas propõem, tudo isso teatraliza e ritualiza a morte simbólica, ou seja, em que, em uma perspectiva holística, o desaparecimento é isso mesmo que permite a revivescência do que se enfraqueceu. Não se repetirá jamais o bastante a esclarecedora expressão atribuída a Anaximandro de Mileto: *"Genesis kai phtora, phtora kai genesis"*, "Gênese e declínio, declínio e gênese". A impermanência das formas particulares é necessária à continuidade da vida em geral. E em seu enraizamento tradicional, o *humanismo* integral sabe bem o que deve ao *húmus*, fonte e recurso de todas as coisas.

Impermanência e continuidade! É isso justamente que o progressismo, dogmaticamente ingênuo em sua crença em um desenvolvimento linearista, esqueceu. E é isso que a filosofia progressiva, atenta ao devir espiralesco do mundo, chama à nossa boa lembrança. Morte e renascimento constituem, em um movimento sem fim, a inelutável lei do destino da espécie humana. As crises civilizacionais que pontuam esse destino não fazem senão exprimir esse sentimento difuso de tal metamorfose.

Como sempre há um bom uso da crise que consiste em reconhecer e se ajustar a este estado de coisas: impermanência e continuidade. É assim que, operando uma reviravolta, totalmente significativa, a atmosfera mental do momento encontra este elemento fundamental da maçonaria de tradição: é inútil negar a morte, é vão recusá-la. É melhor, graças a rituais comprovados pelo tempo, saber domesticá-la e assim se habituar *homeopaticamente* a ela. O que não deixa de dar esta vida intensa e contrastada que é a especificidade da criatividade juvenil contemporânea marcada com o selo de um vitalismo exacerbado.

---

to. Ver em particular *"A noção de dispêndio"* in *A parte maldita*, Autêntica, 2013.

É o ponto alto do acordo, cada vez mais evidente, entre a sabedoria tradicional, tal qual perdura na filosofia progressiva das sociedades de pensamento maçônicas, e o imaginário pós-moderno que impregna a ação das novas gerações. A teoria e a *práxis* não vêm, verticalmente, do alto. A lei do Pai é totalmente obsoleta. É entre pares, horizontalmente, que tudo isso se elabora: a lei dos irmãos está de volta.

É assim que as comunidades iniciáticas ou as neotribos pós-modernas participam de um idêntico inconsciente coletivo: o conhecimento é iniciático. Consiste em "nascer-com" ("cum nascere"). Nascer-com as coisas, nascer-com todos aqueles que participam desta mesma busca do Graal, que se poderia chamar "ecosofia", uma sabedoria da casa comum, que consiste em inventar o segredo da vida. Uma vida consagrada ao amor e à dor, com suas alegrias e suas provas que a fraternidade/irmanação torna suportáveis.

Fone: 51 3779.6492

Este livro foi confeccionado especialmente para a
Editora Meridional Ltda,
em Gentium Basic, 11/15 e
impresso na Gráfica Odisseia